Dualseelen in Beziehungen

Woran Sie Ihren Seelenpartner erkennen,
wie Sie ihn lieben und wann es an der Zeit ist,
ihn gehen zu lassen

Louise Blumenberg

Alle Ratschläge in diesem Buch wurden vom Autor und vom Verlag sorgfältig erwogen und geprüft. Eine Garantie kann dennoch nicht übernommen werden. Eine Haftung des Autors beziehungsweise des Verlags für jegliche Personen-, Sach- und Vermögensschäden ist daher ausgeschlossen.

ISBN: 978-3-969300657

Email: info@edition-lunerion.de
www.edition-lunerion.de

Psiana eCom UG
Berumer Str. 44
26844 Jemgum

INHALT

Beziehungen als Einschnitte im Leben

Wenn du dieses Buch aufschlägst, hast du dafür vermutlich einen ganz bestimmten Grund. Du denkst nicht, „Ach, Dualseele, das klingt ja interessant, was soll das denn bitte sein?". Das Wort ist dir wahrscheinlich ein Begriff und wahrscheinlich bist du in diesem Moment ein Suchender. Du hast in deiner Beziehung – vielleicht auch in einer bereits vergangenen Beziehung – besondere Erfahrungen gemacht, aufwühlende, verwirrende, schmerzhafte und vor allem unfassbar intensive. Erfahrungen, die dich völlig überfordern und die dich gezwungen haben, dich auf die Suche zu machen nach einer Erklärung für das, was da gerade mit dir passiert. Dann bist du auf das Dualseelenthema gestoßen, vielleicht hattest du auch schon davon gehört und jetzt fragst du dich, ob das schließlich der entscheidende Punkt ist, ob hierin vielleicht der Schlüssel liegt zu diesen merkwürdigen Geschehnissen, die in ihrer Intensität alles übersteigen, was du bislang gekannt hast. Vielleicht weißt du auch schon Bescheid über Dualseelen und möchtest dein Wissen vertiefen – in jedem Fall hast du vermutlich einen ganz persönlichen, drängenden Grund dafür. Du willst wissen, woran du bist, was mit dir los ist und was da in deinem Leben gerade geschieht. Du willst nicht länger passiv und ohnmächtig dabei zusehen, wie die Dinge passieren, sondern das Ruder wieder in die Hand nehmen. Du willst begreifen, wie die Dinge zusammenhängen, und auf konstruktive Weise einwirken auf den Verlauf deines Lebens. Das ist ein äußerst guter Anfang.

Was dich in diesem Buch erwartet

Dieses Buch ist ein guter Anfang, wenn du in deinem Beziehungsleben an einem schwierigen Punkt angelangt bist. Häufige Konflikte, Verletzungen, die unerklärlich intensiv sind, Reibungspunkte, die sich rational kaum erklären lassen – fast jeder stößt im Laufe seines Beziehungslebens auf derartige Hindernisse. Und es gibt ganz unterschiedliche Arten, damit umzugehen. Dieses Buch möchte dir nun Ansätze bieten, wie du solchen Schwierigkeiten auf konstruktive Art und Weise begegnest. Es bietet grundlegende Erläuterungen zur Thematik der Dualseelen und erklärt Geschichte und Prinzip dieses Konzepts. Der gesamte Prozess einer Dualseelenbeziehung wird anschaulich dargestellt und ebenso die damit verbundenen Herausforderungen. Darüber hinaus werden jedoch auch die Dynamiken und Prozesse einer ganz „normalen" Beziehung erläutert und du erfährst Grundsätzliches darüber, wie es funktioniert, wenn zwei Menschen versuchen, ihr Leben zu teilen. Dies gibt dir die Möglichkeit, fundiert und bewusst beurteilen zu können, wo auf diesem Weg du stehst und was du da gerade wirklich erlebst. Dein kritischer Blick wird geschult und du lernst, Vorfälle und Erfahrungen sinnvoll einzuordnen. Aber auch die Praxis kommt nicht zu kurz: Eine Reihe von Übungen hilft dir dabei, in direkten Kontakt mit deinen tatsächlichen Bedürfnissen und Problemen zu kommen, und zeigt dir Wege auf, wie du diese zielgerichtet angehen und bearbeiten kannst. Ganzheitliche Meditationsübungen runden das Angebot ab und helfen dir dabei, dich umfassend zu sammeln, zu erden und zu besinnen – um dir die Kraft zu geben, dein Beziehungsleben aktiv und gesund zu gestalten.

Eingangs eine kurze Erläuterung zur Verwendung der Geschlechterformen: Um den Text lesbarer zu machen, wird auf die Unterscheidung zwischen männlicher und weiblicher Form verzichtet. Als neutrale Form wird stets die männliche verwendet, spricht aber in jedem Fall weibliche und männliche Leser gleichermaßen an.

Entstehungsgeschichte: Dualseelenidee

Um die Idee der Dualseelen wirklich verstehen zu können, ist es – wie so oft – notwendig, ihre Entstehungsgeschichte nachzuvollziehen. Die meisten komplexen und umfassenden Ideen sind nicht eben erst in die Welt gespuckt, von einem erfinderischen Menschen erdacht und dann rasch aufgeschrieben worden, sondern sie haben sich ganz im Gegenteil über lange Zeit hinweg entwickelt. So auch das Konzept der Dualseelen. Zwar gibt es hier keine lineare geschichtliche Entwicklung, allerdings finden sich einige Vorläuferideen, die vieles von der heutigen Idee bereits beinhaltet und angeboten haben. Werfen wir also zunächst einmal einen Blick auf die Frage, wem wir diese Idee zu verdanken haben, wo sie herkommt, wie sie sich entwickelt hat und welche großen Bedeutungskomplexe der Menschheit damit noch in Verbindung stehen.

VERSCHIEDENE DEUTUNGSANSÄTZE

Setzen wir an den Beginn eine vielleicht verblüffende Feststellung: Dualseelenähnliche Konzepte finden wir in den verschiedensten Kulturen, Religionen und Epochen. Sie folgen nicht exakt derselben Idee und Logik, wie es die Lehre von der Dualseele tut, aber ihnen allen ist eines gemeinsam: Sie gehen davon aus, dass der Mensch einmal eins war. Zu irgendeinem weit zurückliegenden Moment in der Entwicklungsgeschichte des Menschen – ja, der Welt und schließlich des gesamten Kosmos – gab es ihn nur als Einheit, als ein vollkommenes Wesen. Mal wird es als Seele bezeichnet, mal als Geist, mal gar als Gottheit und dann kam der Moment der Teilung, in den meisten Vorstellungen in Mann und Frau. Seit diesem Zeitpunkt wandert der Mensch als Suchender durch sein Leben oder seine Leben, er durchstreift die Erde und seine Existenz im rastlosen Suchen nach dem zweiten Teil seiner Selbst, nach dem Teil, der ihn vollkommen macht. Unterschiedlich ausgeprägt sind die spirituellen Hintergründe, mal liegt der Fokus auf einem Streben nach geistiger Vervollkommnung, mal klingt es „praktischer", wenn davon gesprochen wird, dass ein Mann eine Frau braucht, um mit ihr leben zu können und genauso umgekehrt. Wo tauchen diese Ideen nun also auf? Tatsächlich finden wir sie bereits in der griechischen Antike, wo Platon von den Kugelmenschen spricht und damit eine Vorstellung anbietet, die der von Dualseelen nicht unähnlich ist. Im folgenden Kapitel soll deshalb auf diese antike Vorstellung noch genauer eingegangen werden, ebenso wie auf das Konzept der Zwillingsflamme. Wo aber wird noch Bezug genommen auf den Gedanken, dass Mann und Frau einmal eins waren? Wer sich mit Religionen beschäftigt, wird feststellen, dass die meisten der Weltreligionen eine ähnliche Erzählung anzubieten haben.

Wer in einem auch nur vage christlich geprägten Umfeld aufgewachsen ist, kennt sicher den biblischen Schöpfungsmythos und die Dualität Adam – Eva. Der Bibel zufolge schuf Gott die Menschen als Mann und Frau, aber nicht nur das: Er schuf Eva aus Adam, weil er wusste, dass es dem Menschen nicht guttäte, allein zu sein. Er schuf Eva als eine Gefährtin für Adam, die erst ermöglichte, dass Adam als Mensch existierte. Nur zusammen – als Mann und Frau – seien sie das Ebenbild Gottes. Unabhängig davon, was Kirche, patriarchalische Gesellschaften oder der Feminismus daraus machten: Es existiert die Idee, dass beide einem gemeinsamen Ursprung entstammen und dass einer ohne den anderen unvollständig sei. Eine ähnliche Idee kennt der Islam. Hier spricht der Koran davon, dass Allah Mann und Frau aus einer einzigen Seele erschaffen habe und dass er dem Manne eine Partnerin geschaffen habe. Auch hier wird also davon ausgegangen, dass der Mensch im Dualismus aus Mann und Frau existiert und dass beide einander brauchen, was schließlich in Ehe und Fortpflanzung offensichtlich wird.

Wer den Blick noch weiter nach Osten wendet, wird schließlich auch im Hinduismus fündig. In der Gestalt des Ardhanarishvara sind der männliche Gott Shiva und seine Gemahlin Parvati zu einer einzigen Gestalt verschmolzen. Wie es zu dieser Verschmelzung kam oder ob viel eher von einer Trennung zu sprechen sei, da im Urzustand ein Wesen existierte, erzählen verschiedene Legenden auf unterschiedliche Weise, die Lehre, die bis heute für praktizierende Hinduisten daraus resultiert, ist jedoch stets die gleiche.

Im Vergleich zu den Schöpfungsvorstellungen in Christentum und Islam stehen hier jedoch weitaus stärker der spirituelle Aspekt und seine langfristigen Auswirkungen auf die Menschen im Vordergrund. Es entwickelte sich die Vorstellung von Shakti und Shiva, die den männlichen und weiblichen Anteil der Sexualität, jedoch auch der gesamten Schöpfung und Natur symbolisieren. Ihnen werden jeweils spezifische Eigenschaften zugeschrieben, die deutlich machen, dass eines ohne das andere unvollständig, unfähig und letztlich wirkungslos sei. Das männliche Prinzip Shivas besteht aus Kraft, Gedanken, Vergeistigung, absolutes Bewusstsein und Klarheit – aber ohne das aktivierende, schöpferische, kreative, belebende weibliche Prinzip Shaktis wirkt es nichts. Es kann nichts schaffen oder schöpfen, es gibt keine Bewegung, keine Entwicklung, kein Voranschreiten, kein Entstehen. Die zwei Teile des ursprünglichen Ganzen sind also aufeinander angewiesen, ansonsten ist kein Leben möglich. Dies schließt explizit auch die spirituelle Dimension mit ein und spielt in mehreren zeitgenössischen Yogaschulen bzw. -richtungen eine große Rolle.

Abseits der Religion taucht die Idee einer geteilten menschlichen Seele auch immer wieder in der Literatur verschiedener Sprachen und Epochen auf. Aus dem Arabischen stammt die wunderschöne Erzählung von Qais Ibn Darih und Lubna. Sie berichtet von der Ehe der beiden, zu deren Auflösung Qais letztlich durch Druck seiner Eltern gezwungen wurde. Über den Verlust seiner Frau jedoch verlor er den Verstand und schließlich seine Gesundheit und er lebte sein restliches Leben in dem Wissen, getrennt von seiner früheren Frau nicht geheilt werden zu können. Er sprach davon, mit ihrem Geist eins gewesen zu sein, noch bevor er als Mensch in die Welt gekommen war, und begriff also, dass ihm in der Trennung von seiner zweiten Seelenhälfte kein Glück beschert sein könne. Die Vereinigung der zwei Teile ist ihm eine ganz selbstverständliche Notwendigkeit, die auch im Tod kein Ende finden würde, und der Erzählung zufolge starben schließlich beide am Gram über die fortwährende Trennung. Lassen wir nun den Blick in einen ganz anderen Teil der Erde schweifen und lesen, was der japanische Patriarch Tatsuya zu sagen hatte über die Einigkeit zweier Teile der gleichen Seele. Von ihm ist folgende, doch sehr bekannt klingende Aussage überliefert: „Es gibt eine Liebe, die über jede Liebe erhaben ist; die Leben überdauert. Zwei Seelen, aus einer entstanden. Vereinigt wie zwei Flammen. Identisch – und doch getrennt. Manchmal zusammen, durch Gefühl und Verlangen verschweißt. Manchmal getrennt, um zu lernen und zu wachsen. Aber einander immer wieder findend. In anderen Zeiten, anderen Orten. Wieder und wieder". Und auch die europäische Literaturgeschichte, die den meisten Lesern dieses Buches wohl am vertrautesten ist, hat immer wieder Bezug genommen auf die Idee einer Seele, die zwei Menschen in sich vereinigt – so finden sich entsprechende Bemerkungen etwa bei den Schriftstellern Hölderlin, Rousseau oder Brontë.

Wie es nun kommt, dass an so unterschiedlichen Orten zu unterschiedlichen Zeiten die unterschiedlichsten Menschen ganz ähnliche Gedanken hatten? Nun, man kann sich dies aus zwei Richtungen erklären, die letztlich beide zu einem Schluss führen: Irgendetwas an der Idee der Dualseelen ist so mächtig, drängend und für diejenigen, die sie erfahren, so unleugbar real, dass kaum mehr Zweifel an ihrer Existenz bestehen kann. Als Ausgangspunkt kann man einerseits die intensiven Wahrnehmungen der einzelnen Menschen verwenden. Dann muss man davon ausgehen, dass über die Jahrtausende hinweg allerorts Menschen diese tiefe, unstillbare Sehnsucht verspürt haben, die sie zu Getriebenen machte, die sie rastlos die Welt durchstreifen ließe auf der Suche nach dem Partner, der diese Sehnsucht zu stillen vermögen würde.

Und ebenso, dass zahlreiche Menschen die Erfahrung machten, genau dies träfe in der Realität zu, dass sie irgendwann – nach langer, ahnungsvoller Suche oder ahnungslos aus heiterem Himmel – auf diesen einen Menschen getroffen sind, mit dem nichts mehr war wie zuvor, dass sie, ganz gleich, was sie davor gedacht haben mögen, ab diesem Zeitpunkt genau *wussten*, hier mit jemandem verbunden zu sein, mit dem sie eigentlich eins sind. Der gegenteilige Ausgangspunkt fußt auf Lehren und Vorstellungen, die unterschiedliche Bevölkerungsgruppen jeweils für sich entwickelt haben. Wie wir bereits gesehen haben, taucht die Dualseelenidee in den unterschiedlichsten Religionen auf und ist zentraler Teil der Vorstellung von der Existenz des Menschen an sich – nun, wenn alle zu diesem Schluss kommen, liegt es nahe, anzunehmen, dass etwas dran sein muss an der Idee. Man könnte es mit dem Prinzip der Mathematik vergleichen, auch wenn diese nüchterne Wissenschaft zunächst so weit von spirituellen Ideen entfernt scheint, wie nur irgendwie möglich. Das Prinzip dahinter taugt jedoch zum Vergleich: Ganz egal, wo auf der Welt Mathematiker sich mit der Mathematik beschäftigen, sie alle kommen zu dem Schluss, dass etwa zwei plus zwei vier ergeben muss.

Zu diesem Schluss kommen sie nicht etwa, weil sie es sich von jemand anderem abgeguckt haben, sondern weil es richtig ist, weil überall auf der Welt zwei kleine Steinchen, die zu zwei kleinen Steinchen gelegt werden, insgesamt vier kleine Steinchen ergeben. Wer sich mit dem Konzept der Dualseele beschäftigt, mag beim Betrachten der Idee in sämtlichen verschiedenen Kulturen den gleichen Schluss ziehen: Dann wird es wohl genau so sein – ein rückversichernder und vielleicht auch beruhigender Schluss für viele Menschen, deren Leben durch die Idee oder gar das Erfahren der Dualseele tüchtig erschüttert wird. Gerade solche Zeitgenossen, die mit Spiritualität bislang nichts oder wenig am Hut hatten, sind zunächst oftmals vor allem tiefgreifend beunruhigt und verwirrt, ganz einfach, weil das Erlebte an Intensität alles bislang Gekannte weit übertrifft. Doch dazu später mehr, bevor wir tiefer einsteigen in die Materie der Dualseele und die Idee, die wir heute damit verbinden, werfen wir noch einen genaueren Blick auf ein „Vorläufermodell“, das eine interessante philosophiegeschichtliche Unterfütterung liefern kann.

PLATONS KUGELMENSCHEN UND DIE ZWILLINGSFLAMME

Das Bild der Kugelmenschen lieferte uns niemand Geringeres als Platon, einer der heute wohl bekanntesten und meistzitierten Philosophen der griechischen Antike. Er selbst war zunächst Schüler des Sokrates, dessen Name ebenfalls bis in die Gegenwart hinein fast jedem ein Begriff ist, und wurde im Laufe seines Lebens zu etwas, was man heute wohl als Universalgelehrten bezeichnen würde. Es gibt kaum einen geisteswissenschaftlichen Bereich, in dem er nicht tätig war, und kaum einen Bereich, in dem seine Erkenntnisse nicht maßgeblich wurden und über Jahrhunderte hinweg das Denken unzähliger Philosophen, Politikwissenschaftler, Dichter und Künstler beeinflusste. So verdanken wir ihm zahlreiche Schriften in den Bereichen der Metaphysik und der Erkenntnistheorie, aber genauso auf dem Feld der Staatstheorie, wo er bereits früh bis heute aktuelle Ideen entwickelte, beispielsweise, wie ein Staat beschaffen sein sollte, um seinen Bürgern in optimaler Weise zu dienen. Zu verdanken haben wir ihm heute die Lehrform des fiktiven Dialogs und später auch Monologs. Das Konzept ist denkbar simpel: Er verfasste erfundene Dialoge zwischen zwei Personen – zunächst oft zwischen Sokrates und einem wissbegierigen, aber unerfahrenen jungen Mann – in denen Wissen bzw. Ideen vermittelt werden. Auch lehrreiche, ebenfalls fiktive Monologe berühmter Persönlichkeiten verwendete Platon später, um seine Ideen zu verbreiten, und genau eines solchen bediente er sich schließlich, um von den Kugelmenschen zu berichten.

Als Zeitgenosse der griechischen Antike lebte er im geistigen Umfeld der griechischen Mythologie und ihrer vielfältigen Götterwelt und naturgemäß wurden auch diese wiederholt zum Inhalt seiner Schriften. In einem der Lehrmonologe nun verband er die Gottheit des Eros mit einem

Konzept von der Natur der menschlichen Seele. Er berichtet hier von einem Gastmahl mit sechs Teilnehmern, die schließlich alle Reden halten, in denen sie vom Gott Eros und damit verbunden von der Erotik sprechen. Als vierten in der Reihe lässt Platon nun Aristophanes zu Wort kommen, einen berühmten Dichter griechischer Komödien, und dieser hält eine Rede über Eros. Er preist ihn als denjenigen der Götter, der den Menschen am freundlichsten gesonnen sei, trotzdem wären diese in seiner Verehrung erschreckend nachlässig. Er beklagt fehlende Tempel und Opfer für diesen Gott, der im Vergleich zu anderen Gottheiten sträflich vernachlässigt würde. An dieser Stelle sei kurz klargestellt, für was Eros als Gottheit stand: Irrtümlich wird er heute oftmals als Gott der Liebe angenommen, was nicht ganz zutreffend ist, denn tatsächlich war er der Gott der begehrenden Liebe. Er verkörpert also den erotischen, leidenschaftlichen, sexuellen Aspekt der Liebe und steht damit im Gegensatz zum geistigen Aspekt. Um den Menschen deutlich vor Augen zu führen, was sie Eros zu verdanken hätten, hält Aristophanes nun eine Rede mit folgendem Inhalt: In früherer Zeit, so lässt er den Dichter erzählen, wären Natur und Gestalt des Menschen ganz anders gewesen als seinen Zeitgenossen heute bekannt.

Damals hatten sie eine kugelförmige Gestalt und bestanden sozusagen aus zwei Wesen in einem, die aber nicht als getrennt betrachtet werden konnten. Vielmehr war diese Einheitskugel der ursprüngliche und „richtige" Zustand des Menschen, der in dieser Gestalt über vier Arme und vier Beine verfügte, allerdings nur über einen Hals und einen Kopf, auf dem jedoch auf den gegenüberliegenden Seiten zwei Gesichter saßen. In dieser Gestalt waren die Kugelmenschen ungemein schnell, da sie sich auf acht Gliedmaßen in jede Richtung fortbewegen konnten, und zwar auch, indem sie sich quasi rollend überschlugen. Ein Unterschied zum heutigen

Menschengeschlecht war, dass unter den Kugelmenschen drei Geschlechter existierten: Manche bestanden aus zwei männlichen Teilen, manche aus zwei weiblichen und andere aus je einem männlichen und einem weiblichen Teil. Außerdem waren alle Kugelmenschen ungemein stark, furchtlos und übermütig und dem heutigen Menschen also weit überlegen. Das Übermaß ihrer Geschicklichkeit wurde ihnen jedoch letztlich zum Verhängnis: In ihrem Übermut fassten sie eines Tages den Plan, sich aufzumachen in den Himmel und dort die Götter anzugreifen. Diese erkannten den Plan und berieten eilig, was zu tun sei. Im Umgang mit den Menschen standen sie nämlich vor einem Dilemma. Es wäre ihnen natürlich ein Leichtes gewesen, die Menschheit einfach auszulöschen, dieser Gedanke jedoch missfiel ihnen, da sie die Verehrung, Anbetung und auch die Opfer der Menschen zu sehr genossen, als dass sie künftig darauf hätten verzichten wollen. Schlussendlich beschloss Zeus, dass die Menschen zwar keinesfalls vernichtet, aber stattdessen erheblich geschwächt werden sollten, und zwar, indem sie in zwei Hälften geteilt werden sollten. Also zerschnitt er jeden der Kugelmenschen und war mit dem Ergebnis aus mehreren Gründen sehr zufrieden.

So gab es nun doppelt so viele Menschen, die auch doppelt so viele Opfergaben bringen konnten, und sollten sie immer noch zu tollkühn sein, so würde er sie eben ein weiteres Mal spalten. Apollo wurde nun mit der genauen Gestaltung der neuen Menschen beauftragt, und zwar drehte er ihre Gesichter zur Fläche ihrer ehemaligen Verbindung hin und vernähte die Haut über den jetzigen Bäuchen. Die Geschlechtsteile jedoch beließ er auf der früheren Kugelaußenseite, also auf der Rückseite der neuen Menschen. Die Götter waren zunächst äußerst erfreut über diese Lösung des Problems, aber rasch wurde offensichtlich, dass es keine tatsächliche Lösung war. Die nun halbierten Menschen litten entsetzlich unter der Trennung von ihrem früheren zweiten Teil und waren so verzweifelt, dass sie schließlich nichts anderes mehr taten, als sich ununterbrochen eng zu umklammern und jammernd darauf zu hoffen, dass sie wieder zur ursprünglichen Einheit zusammenwachsen würden. Auf diese Art beschäftigt, stellten sie jede andere Tätigkeit ein, sie aßen nicht und tranken nicht und schließlich verhungerten die Ersten.

Dies war nun nicht im Sinne der Götter, die sich ja entschieden hatten, die Menschen auf jeden Fall zu erhalten, also musste eine neue Lösung her. Und so versetzte Zeus ihre Geschlechtsorgane auf die Körpervorderseite, also dahin, wo wir sie bis heute tragen. Dadurch erhielten sie die Möglichkeit, durch sexuelle Vereinigung wenigstens kurzzeitig ihrem früheren Einheitszustand nahezukommen, und sie konnten zudem durch Fortpflanzung das Überleben der Menschheit sicherstellen. Aus diesem Umstand erklärt nun Platon das fortwährende Streben der Menschen nach sexueller Vereinigung und die starke Triebkraft in dieser Sehnsucht, die ja schließlich nichts anderes als das unentwegte Streben nach der Wiederherstellung der ursprünglichen Einheit ist. Im Übrigen leitet er hiervon auch die verschiedenen sexuellen Präferenzen der Menschen her: Wer im Urzustand aus zwei gleichgeschlechtlichen Anteilen bestand, der habe nun homosexuelle Neigungen und nur die androgynen Kugelmenschenteile pflegen ein heterosexuelles Liebesleben. Darüber hinaus berichtet Platon abschließend von einzelnen menschlichen Beziehungen von geradezu unglaublicher Intensität und erklärte, dass diese entstünden, wenn sich zwei ursprünglich zusammengehörige Kugelteile wiederfänden. Eine solche Beziehung sei dann auch andauernd und aufgrund der unermesslichen Anziehungskraft nicht mehr zu lösen und Demut und Frömmigkeit gegenüber den Göttern könne mehr und mehr Menschen dazu verhelfen, ihre ursprüngliche Hälfte wiederzufinden.

Es wird also ganz deutlich, dass in dieser weit über zweitausend Jahre alten Vorstellung bereits die Kernelemente dessen vorhanden sind, was heute mit dem Dualseelenbegriff ausgedrückt wird: Das ursprüngliche Einssein, die unstillbare Sehnsucht nach der Wiedervereinigung mit dem fehlenden Teil und die unvorstellbare Intensität einer Beziehung, in der die beiden Anteile einer einzigen Originalseele wieder zueinandergefunden haben. Auch die Schilderung der verzweifelten Sehnsucht der so Geteilten ist so herzzerreißend und anrührend, dass sich unmittelbares Mitgefühl mit diesen gequälten Wesen einstellt – ein Zugang für den modernen Menschen zur griechischen Mythologie, der selten so eindrücklich und direkt empfunden werden kann wie hier.

Auch das Konzept der Zwillingsflamme, das oft als Begriff auftaucht, wenn man sich mit der Dualseele beschäftigt, geht auf diese Vorstellung Platons zurück. Es ist gewissermaßen ein anderes Bild für den gleichen Gedanken: Dass am Anfang die menschliche Seele eins war, ein Teil, der von Zeus gespalten wurde und seitdem in fortwährender Sehnsucht nach seiner zweiten Hälfte lebt. Heute wird die Idee der Zwillingsflamme jedoch häufig im Unterschied zur Idee der Dualseele angeführt und man geht gewissermaßen von unterschiedlichen Formen der Einheit aus: Zwei Zwillingsflammen – alternativ kann auch der Begriff der Zwillingsseelen verwendet werden – sind zwei gleiche Seelen, zwei Dualseelen hingegen sind nicht gleich, sondern komplementär zueinander. Zwillingsseelen sind identisch in ihrer Natur und Ausgestaltung, bei Dualseelen stellt man sich die Sache genau gegenteilig vor: Was dem einen fehlt, hat der andere, wo der eine hell ist, ist der andere dunkel, die Schwäche des einen ist die Stärke des anderen. Jedem Konzept liegt aber die Annahme zugrunde, dass es sich um zwei Teile eines ehemals Ganzen handelt und dass alles Streben darauf ausgerichtet ist, sich wieder vereinen zu können. Für die Art der Beziehung allerdings macht dies einen gewaltigen Unterschied, der im nächsten Kapitel erklärt wird. Dann nämlich geht es um die Details der

Dualseelenidee, aber bevor wir uns zu diesem Punkt begeben, soll der Fokus noch einmal kurz auf die antiken Ursprünge des Konzepts gelegt werden: Wer heute an Dualseelen glaubt und von der Existenz solcher Einheiten überzeugt ist, der ist nicht einer modernen Spinnerei verfallen, sondern folgt uralten Vorstellungen, die sich schon bei denen finden lassen, die den Grundstein unserer Kultur und Zivilisation gelegt haben.

Konzept der Dualseelen

Worum es bei der Idee von der Dualseele schließlich geht, wurde eingangs bereits angedeutet, und der interessierte Leser hat sicherlich bereits die eine oder andere vage Vorstellung davon. Um aus dieser vagen Vorstellung fundiertes Wissen und genaues Verständnis zu machen, kommt nun zunächst einmal trockene Theorie. Allerdings – man kann es sich denken – kann diese Theorie so trocken gar nicht sein, wenn es um ein derart intimes und intensives Thema geht, und tatsächlich ist die Theorie der Dualseelen spannend und manchmal nahezu mystisch. Und noch aus einem weiteren Grund ist eine gründliche, sachliche Einführung unverzichtbar: Es kursiert allerhand an Halbwissen, kruden Ideen und zurechtgebogenen Vorstellungen, die den Unerfahrenen oftmals verwirren oder überfordern, im schlimmsten Fall täuschen. Und gerade bei einem Thema wie Dualseelen findet sich dieses Problem noch viel ausgeprägter als vielleicht bei etwa geschichtlichen oder medizinischen Inhalten. Mancher Leser mag vielleicht verwundert sein über dieses Vorgehen, aber tatsächlich werde ich noch vor Beginn der eigentlichen Erklärungen eine Art Warnung stellen, weil sie mir hier unverzichtbar scheint. Als interessierter Leser sollst du von Anfang an mit klarem Verstand und bewusster Übersicht an das Thema herangehen können und dazu ist es unerlässlich, zu wissen, wo Tücken und Fallstricke lauern – und die begegnen dem Dualseeleninteressierten allenthalben, wenn er sich im Internet so kreuz und quer durch all die Seiten liest, die etwas zum Thema zu sagen haben.

Zunächst: Viel Information – besser: viel Text – wird in Blogform geboten. Das beschert einerseits einen Perspektivenreichtum, weil zahlreiche unterschiedliche Menschen beitragen können, und das jeweils aus ihrer ganz persönlichen Sicht. Zum anderen bietet es etwas, was bei einem Thema wie Dualseelen ganz besonders kostbar ist, nämlich persönliche Erfahrungen. Die Wissenschaft hilft hier nicht weiter, du bist angewiesen auf die Schilderungen von Menschen, die mit solchen Erlebnissen vertraut sind. Das sind oftmals Personen, die sich beispielsweise auch beruflich mit Meditationsformen, Yoga, fernöstlichen Religionen oder Ähnlichem beschäftigen und sich also darum bemühen, die Dualseelenlehre in logischen Einklang zu bringen mit allem, was auf spiritueller Ebene als Allgemeinwissen gilt. Solche Informationsquellen verankern die Idee dann etwa in den Reinkarnationslehren des Hinduismus und Buddhismus und gehen mit den sich daraus ergebenden Fragen offen und logisch um. Das gilt aber leider nicht für jede Quelle.

Ganz im Gegenteil quillt das Internet über von Menschen, die ganz offensichtlich ihre persönliche, zusammengeflickte Variante der Dualseelenidee verbreiten. Natürlich macht jeder hier seine ganz persönlichen und damit auch unterschiedlichen Erfahrungen, aber trotzdem existieren auch Tatsachen und Wissen und ganz ohne Kenntnisse kann man auch von Dualseelen nicht sprechen. Warum so viele Menschen es doch tun?

Hier kommen wir zu dem Punkt, der die Gefahr einer mangelnden Vertrauenswürdigkeit einer Quelle so hoch macht: Menschen werden von ihren Sehnsüchten getrieben. Und kaum eine Sehnsucht ist so stark, machtvoll und gleichzeitig so weit verbreitet, wie die nach einem Partner, der einen glücklich macht und erfüllt. Die einen gehen schließlich aktiv auf die Suche, die anderen warten und hoffen mit offenem Geist und die Dritten sind so bedürftig in ihrer Sehnsucht, dass sie Ideen aufschnappen und diese mit ihren Wünschen verwechseln. Es entspringt letztlich Verzweiflung, wenn sie sich die Realität zurechtbiegen möchten und ein Konzept wie die Dualseele dankbar aufgreifen, um sagen zu können, „Das ist es". Und hier lauert die Gefahr, sich alles, was einem widerfährt, in dieser neuen Idee zu erklären. Dann ist der nächste Partner auf jeden Fall endlich der Dualseelenpartner und man sucht nach noch so kleinen, merkwürdigen Indizien, um sich selbst zu versichern, „Ja, so ist es wirklich". Alternativ kann man die Idee missbrauchen, um sich Dinge schön zu reden, die schlicht nicht richtig sind.

Dualseelenpartnerschaft kann unfassbar anstrengend und schmerzlich sein – das heißt aber noch lange nicht, dass jede anstrengende und schmerzliche Beziehung eine Dualseelenpartnerschaft ist. Der psychische Druck, diese Erkenntnis zu vermeiden und sich das Erlebte positiver zu erklären, ist immens – und eine verklärende Idee wie die der Dualseele ist verlockend. Warum ich das so ausführlich darlege? Um dich als Leser in zweierlei Hinsicht zu schützen. Es ist wichtig, immer im Hinterkopf zu behalten, welche Gründe Menschen haben können, um bestimmte Dinge auf eine bestimmte Art zu sagen. Die Wahrheit ist längst nicht immer das wichtigste Kriterium. Wenn du also nach der Lektüre dieses Buches interessiert weiterlesen möchtest und das Internet durchstöberst, solltest du stets aufmerksam sein. Frage dich: Wer schreibt das? Was hat derjenige sonst noch zu sagen bzw. welche Erfahrungen hat er, welchen beruflichen

Hintergrund? Wimmelt es vor Ausrufezeichen und unverhandelbaren Behauptungen? Sind die Gedanken schlüssig oder wirr? Wer sich mit Dualseelen beschäftigen möchte, muss sich auch davor schützen, in die unvernünftigen und vielleicht sogar schädlichen Gedanken anderer hineingezogen zu werden. Bleibe also aufmerksam und sachlich: Spirituell sein heißt nicht, unlogisch, unvernünftig oder naiv zu sein. Die zweite Hinsicht, in der ich dich schützen möchte, ist vielleicht etwas unangenehmer: Frage dich auch selbst kritisch und aufrichtig, ob du die Idee nutzt, um eigene Sehnsüchte oder Probleme hineinzuprojizieren. Das gilt vor allem, wenn du vermutest, deine Dualseele getroffen zu haben, oder in der Zukunft jemanden triffst, den du dafür hältst. Wenn das tatsächlich der Fall ist, steht dir eine wunderbare, überwältigende Möglichkeit offen – wenn nicht, solltest du dich nicht täuschen lassen, sondern einfach abwarten. Irgendwo ist sie schließlich, deine Dualseele.

WAS IST DAS EIGENTLICH, MEINE DUALSEELE?

Nach dieser Vorbemerkung kommen wir nun tatsächlich zur Frage: Was ist das eigentlich, die Dualseele? Zugrunde liegt ihr zunächst einmal die Vorstellung der Reinkarnation. In einigen Religionen, allen voran im Hinduismus und Buddhismus, ist die ständige Wiedergeburt eine Selbstverständlichkeit. Man stellt sich den Menschen als ein Wesen vor, das aus einem fleischlichen Körper und einer nichtstofflichen Seele besteht, manche Glaubensströmungen nehmen das auch für Tiere, Pflanzen und den Rest der Natur an, für die Idee der Dualseelen ist jedoch der Mensch das Entscheidende. Stirbt ein Mensch, so stirbt nur sein Körper, seine Seele hingegen ist unvergänglich und wird im nächsten Leben wiedergeboren, in einem anderen Körper. So wandert eine Seele durch die Welt und durch verschiedene Leben.

Die Dualseelenlehre geht nun von noch etwas Entscheidendem aus, das sie beispielsweise von den klassischen altindischen Yogalehren unterscheidet. Während dort in letzter Konsequenz gar keine einzelnen Individualseelen existieren, sondern alle im großen unendlichen und alles umfassenden Bewusstsein – auch Atman genannt – verbunden sind, nimmt die Dualseelenlehre einzelne Seelen an. Du oder ich haben nun eine solche Seele und mit der reinkarnieren wir durch die Welt, allerdings sind wir letztlich nur halb. Am Anbeginn der Zeit, der so weit weg und so abstrakt ist, dass wir ihn uns nicht einmal vorstellen können, hat unsere Seele sich geteilt. Die beiden Teile sind dann in unterschiedlichen Körpern auf die Welt gekommen, das heißt, die Seele, die nun in dir wohnt, ist eigentlich nur eine Seelenhälfte, denn die andere Hälfte wandert irgendwo auf diesem Planeten herum in der Erwartung, sich irgendwann wieder mit dir zu vereinigen. Dass dies letztlich wieder der Fall sein wird, steht fest und es steht auch fest, wann und wie, allerdings weißt du nichts davon und deine Dualseele genauso wenig. Von dieser Vorbestimmung wird auch als Seelenplan gesprochen, man nimmt an, dass für jede Seelenhälfte ein solcher „Fahrplan" vorliegt, indem all die Erfahrungen festgeschrieben sind, die sie im Laufe all ihrer Leben machen wird. Und auch die Vereinigung oder ein vorläufiges Treffen mit der Dualseele steht in diesem Plan, den allerdings die jeweilige Einzelseele nicht kennt.

Für den ganzen, langen Zeitraum dazwischen ist nun alles an Geschehnissen und Kombinationen möglich. Ihr könnt eine beliebig hohe Zahl an Leben auf dieser Welt führen und in den unterschiedlichen Umfeldern wiedergeboren werden und leben. Dabei könnt ihr weit voneinander entfernt sein oder um die Ecke wohnen, im gleichen Alter oder Greis und Kleinkind sein, einer von euch mag einmal eine vage Ahnung davon haben, dass er eine zweite Seelenhälfte hat, während dem anderen nicht einmal die Idee in den Kopf kommt. Vielleicht lauft ihr euch auch einmal über den Weg, aber bemerkt nichts Besonderes, vielleicht lebt ihr gar eine Weile als Nachbarn, ohne eure Verbindung zu spüren, ganz einfach, weil die Zeit noch nicht reif ist. Und auch, wenn ihr euch dann schließlich trefft und erkennt, bedeutet das nicht zwangsläufig, dass ihr ab diesem Moment nicht mehr voneinander getrennt sein werdet.

Es ist gut möglich, dass ihr feststellt, diese Beziehung noch nicht ertragen zu können, noch nicht so weit zu sein, im Seelenplan noch nicht an der Stelle der schlussendlichen Vereinigung angekommen zu sein. Vielleicht habt ihr eine lose Beziehung, die euch immer wieder zueinander führt, aber den Großteil der Zeit verbringt ihr in getrennten Leben. Vielleicht scheidet ihr wieder völlig voneinander und trefft erst später – womöglich sogar in einem späteren Leben – wieder aufeinander. Vielleicht aber ist es auch tatsächlich der Zeitpunkt eurer Verschmelzung. Dann – so berichten es alle, die es erlebt haben – werdet ihr etwas erleben und erfahren, dass jeden bisherigen Rahmen sprengt. Ihr werdet Emotionen von solch unvorstellbarer und vielleicht nahezu unerträglicher Intensität erleben, dass nichts, was ihr bislang kanntet, nur mehr den Hauch einer Bedeutung hat. Was das dann im Einzelnen bedeutet, wie es sich zeigen kann und wie ihr damit umgehen könnt, werden die weiteren Kapitel dieses Buches zeigen. Bevor diese Details thematisiert werden, gibt es jedoch noch einige theoretische Punkte, die wichtig sind, um zu verstehen, was da eigentlich passiert. Es existieren nämlich unterschiedliche Vorstellungen von der Art, wie Dualseelen zueinanderfinden.

So gehen manche davon aus, man könne seiner Dualseele begegnen und sie auch als diese erkennen, obwohl sie im gegenwärtigen Leben nicht als Mensch reinkarniert ist. Andere nehmen an, dass menschliche Seelen grundsätzlich als menschliche Seelen in der Welt unterwegs sind, und lehnen die Idee, die Seele könne durch Mensch-, Tier- und gar Pflanzenwelt hindurchwandern, ab. Wenn man bei der Idee der menschlichen Dualseelen bleibt, gehen die meisten ganz automatisch davon aus, auf den Seelenpartner zu treffen, das bedeutet, den perfekten Beziehungspartner zu finden. Allerdings gibt es auch Stimmen, die davon sprechen, dass dies nicht unbedingt die einzig mögliche Konstellation ist. Sie nehmen an, die fehlende Dualhälfte könne ebenso in einem guten Freund auftauchen oder gar in einem Kind, in einem viel älteren Menschen oder in sonst einer Person, die für eine romantisch-sexuelle Beziehung nicht infrage kommt. Ob dies möglich ist oder ob es dann vielleicht einfach bedeutet, dass die Seelenreise noch nicht am Ende ist und eine wirkliche Vereinigung erst in einem weiteren Leben stattfinden wird, soll hier jedoch nicht erörtert werden, denn dieses Buch hat eine andere Absicht bzw. eine andere Zielgruppe: Es spricht in erster Linie von den Besonderheiten, Herausforderungen, Schwierigkeiten und Verletzungen, die mit einer partnerschaftlichen Dualseelenverbindung einhergehen. Mit partnerschaftlicher Verbindung ist hierbei das gemeint, was man klassischerweise unter „Beziehung“ versteht: Eine Liebesbeziehung, sexuelle Beziehung, lebenspartnerschaftliche Beziehung, je nachdem, mit welchem Begriff man sich wohler fühlt. Es geht um die Art der Verbindung, die mit Verliebtheitsgefühlen, mit intensivster, intimster Zuneigung und mit dem Wunsch nach gemeinsamer Lebensgestaltung einhergeht – und mit den Problemen und Chancen einer solchen Beziehung beschäftigen sich die folgenden Ausführungen. Ebenfalls kein Kernthema ist die Frage nach der sexuellen Orientierung, die immer wieder auftaucht.

Manche gehen davon aus, dass bei der ursprünglichen Teilung der Seele grundsätzlich ein männlicher und ein weiblicher Teil voneinander abgespalten wurden und leiten davon her, dass auch die schlussendliche Vereinigung zwischen einem Mann und einer Frau stattfinden müsse. Andere beziehen sich etwa auf die Idee von Platons Kugelmenschen und halten sehr wohl auch rein männliche oder weibliche und somit homosexuelle Seelenpaare für denkbar. Und schließlich kann man auch von einer ursprünglichen Teilung in männlich und weiblich ausgehen und diese seelischen Geschlechtsausprägungen aber nicht zwingend mit dem körperlichen Geschlecht des aktuellen Seelenleibes in Verbindung bringen. Männlichkeit und Weiblichkeit als seelisch-geistige Attribute kennen beispielsweise auch bestimmte Yogarichtungen. Diese betrachten beide als in jedem Menschen in unterschiedlichen Anteilen vorkommend. Wie sich dies letztlich gestaltet und was es bedeutet, ist aber ebenfalls nur von untergeordneter Wichtigkeit für dieses Buch. Wenn man den Menschen als prinzipiell fähig betrachtet, seine Dualseele zu erkennen, so muss man ihm auch die Fähigkeit zusprechen, dies unabhängig vom Geschlecht erspüren zu können und für sich festzustellen, „Ja, das gibt es“, oder, „Das gibt es bei mir nicht“.

Bevor das nächste Kapitel sich der vielleicht noch drängenderen Frage widmet, warum es so etwas wie Dualseelen überhaupt gibt, seien an dieser Stelle noch ein paar Unterscheidungen vorgenommen, um Missverständnisse zu vermeiden. Eine Reihe weiterer ähnlicher Begriffe werden nämlich im Zusammenhang mit der Dualseelenthematik immer wieder verwendet und führen nicht selten zu Verwirrung. Zunächst gibt es den bereits erwähnten Begriff der Zwillingsflamme, der auch oft einfach mit dem englischen „Twin Flame" bezeichnet wird. Daneben stolpert man auch immer wieder über den Begriff der Seelenverwandten. Dieser ist klar abzugrenzen von der Idee der Dualseele. Seelenverwandte kann ein Mensch mehrere haben und die meisten von uns sind solchen auch schon einmal begegnet, vielleicht sogar mehrfach. Zu Seelenverwandten können wir in ganz unterschiedlicher Beziehung stehen, sie können unser bester Freund sein, unsere Schwester, unser Lehrer oder auch ein Beziehungspartner. Die Verbindung zu einem solchen Seelenverwandten zeichnet sich durch ein oft unerklärliches Gefühl unmittelbarer, großer Vertrautheit und Nähe aus. Man trifft einen Menschen zum ersten Mal und hat sofort das Gefühl, in einer intensiven Verbindung zu ihm zu stehen. Für dieses verblüffend scheinende Phänomen hat die Vorstellung der Seelenverwandtschaft eine Erklärung: Man stand mit diesen Menschen bereits in früheren Leben einmal oder auch mehrfach in enger Beziehung, das heißt, man fühlt sich einander sofort vertraut, weil man es tatsächlich ist. Die Konstellationen mögen ganz anders gewesen sein, ist der jetzige Seelenverwandte mein Bruder, kann er durchaus in einem vorigen Leben meine beste Freundin gewesen sein. Für die Seelenverwandtschaft verwenden manche Menschen auch den Begriff der Seelenpartnerschaft, was umso verwirrender ist, da Seelenpartner auch oft als Synonym für die Dualseele verwendet wird. Wenn du also in anderen Artikeln oder Blogs über das Thema liest, musst du genau aufpassen, in welchem Sinne der jeweilige Autor die Begriffe verwendet. Für dieses Buch gelten ganz klare Begriffsregeln: Unser Thema ist die Dualseele und sämtliche Begriffe bezeichnen diese Art der Partnerschaft. Für eine angenehmere Lesererfahrung wechselt sich das Wort Dualseele ab mit Seelenpartner oder Dualpartner, gemeint ist jedoch stets das gleiche Prinzip. Sollte zum Vergleich einmal ein anderes Prinzip herangezogen werden, so wird ausdrücklich darauf hingewiesen, um Missverständnisse zu vermeiden.

WARUM GIBT ES ÜBERHAUPT DUALSEELEN?

Aber warum hat eine Seele sich irgendwann einmal aufgespalten, in zwei Teile zerlegt und beschlossen, in ewiger Suche durch die Welt zu irren, nur um am Ende doch wieder eins zu sein? Dies ist wohl die grundlegendste und wichtigste Frage und verblüffenderweise ist die Antwort gar nicht so komplex: Es geht um Lernprozesse. Die Aussage, dass man an Herausforderungen wächst und aus jedem Problem etwas lernt, klingt vielleicht nach einer Floskel, ist aber zutreffend und entscheidend. Dualseelenkundige gehen davon aus, dass die Seele als Einheit vor dem Moment ihrer Aufteilung die Entscheidung getroffen hat, zu wachsen und zu lernen. Und eine Seele lernt nun einmal nicht, indem sie sich hinter ein Schulpult setzt und Bücher studiert, sondern sie lernt, indem sie erlebt. Sie lernt, indem sie wächst und die Worte „wachsen“ und „lernen“ können im Dualseelenprozess eigentlich beliebig ausgetauscht werden. Lernen braucht Bewegung und dazu braucht es die Teilung. Eine Seele als ursprüngliche Einheit ist in sich komplett und geschlossen – sie ruht und ist prinzipiell im Stillstand. Sie ist vollständig und bedarf keiner Handlung, allerdings gibt es auf diese Art in ihr auch keinen Fortschritt, keine Entwicklung.

Wenn die Seele nun also beschließt, sich weiterentwickeln zu wollen, spaltet sie sich auf und macht sich auf die Reise. Sie geht auf eine Lernreise durch die Welt, durch viele Leben, durch unterschiedliche Existenzen und durch verschiedenste Erfahrungen. Alle Erfahrungen, die sie machen möchte – also alles, was sie lernen möchte –, sind in ihrem Seelenplan angelegt, und hierin liegt eine Erklärungsmöglichkeit für alles, was uns in unserem Leben zustößt und oftmals ratlos zurücklässt. Es ist ja ganz offensichtlich, dass wir an Schwierigkeiten und Hindernissen lernen und nicht am komplikationsfreien, schönen Leben. So wie ein Sportler etwa Klettern nur erlernt, indem er steile, schwierige und auch gefährliche Hindernisse überklettert, und nicht, indem er über ebenen Boden krabbelt, so lernt auch die Seele nur an den Hindernissen, die sie überwindet. Und diese sind unterschiedlichster Art. Viele dieser Herausforderungen kannst du wahrscheinlich sofort in deinem Leben identifizieren: Es fällt dir fürchterlich schwer, eine Aufgabe anzugehen und nicht ewig vor dir herzuschieben?

Voilá, da hast du etwas zu lernen. Ein bisschen komplexer: Du kannst nicht gut mit Kritik und Zurückweisungen umgehen? Hier hat deine Seele etwas Grundlegenderes zu lernen, indem du in deinem Leben – bzw. in all deinen Leben – mehr und mehr diese Zurückweisungen erfährst und Strategien entwickelst, wie du diese überstehst, ohne jedes Mal völlig am Boden zerstört zu sein. Diese Beispiele sind vergleichsweise „leicht" und offensichtlich, aber es geht auch um einiges schmerzlicher und herausfordernder: Du suchst dir immer wieder Partner aus, die dir nicht guttun? Die dich demütigen, ausnutzen oder gar missbrauchen? Die Theorie des Lernprozesses geht davon aus, dass du auch hier letztlich nur eine Lektion erhältst, eine Lehre auf dem Weg zu einer Erfahrung, die deine Seele sich vorgenommen hat, zu machen. Und auf diese Weise lassen sich alle Erfahrungen erklären: Der Verlust eines Partners oder des Kindes, eine schwere

Krankheit, Unfälle, körperliche Übergriffe, Armut, Traurigkeit, Kriege, Verzweiflung, Enttäuschungen, Verletzungen – alles, was einen Menschen plagt und quält, kann man im Licht des Seelenentwicklungsprozesses als Lernstufen betrachten, ähnlich der Kapitel in einem Schulbuch. Warum man das nun alles tut? Um am Ende des Dualseelenprozesses, wenn die Wiedervereinigung mit dem Seelenpartner ansteht, ein nie da gewesenes, alles übertreffendes Gefühl der Harmonie und Vollkommenheit erleben zu können, um in der neuen, gereiften, weiterentwickelten und gestärkten Einheit einer gewachsenen Seele zu leben. Dann ist die Seele endlich wieder eins, aber sie ist nicht mehr das, was sie zuvor war: Sie hat Wissen, Erfahrung, Kenntnis, Verständnis und Reife, die zuvor nicht existiert haben. Um das zu erlangen, machen Seelen sich auf die lange, schmerzhafte und herausfordernde Reise durch die Welt. Wir sind am Ende immer noch wir, aber eine höhere Form unseres Selbst. Und übrigens lernen wir nicht nur beliebig und unabhängig voneinander, sondern dem Dualseelenpartner kommt auch hierbei eine ganz besondere Bedeutung zu: Als komplementärer Part fordert er uns exakt an den Stellen heraus, an denen uns noch Lernaufgaben bevorstehen. Es ist genau dieser Aspekt, der Dualseelenbeziehungen schließlich zu einer solch großen Herausforderung macht.

Die Begegnung mit dem Seelenpartner

Wie wir nun schon wissen, irrlichtern wir den Großteil unserer Existenz(en) allein durch die Welt, allein ohne unsere zweite Seelenhälfte. Wofür dieses Buch sich interessiert, ist weniger dieser lange, mühsame Weg des Lernens, sondern vielmehr der Abschluss: Denn irgendwann steht sie da, unsere Dualseele. Sie ist auf einmal da, scheinbar aus dem nichts wirbelt sie in unser Leben und stellt alles auf den Kopf – aber eigentlich kommt sie nur zu uns zurück. Unser ursprünglichster Zustand wird wiederhergestellt, aber er ist so vollkommen und anders als alles, was wir kennen, dass das vorherrschende Gefühl vermutlich immer das gleiche ist: völlige Überforderung. Denn die Begegnung mit dem Seelenpartner bringt nicht unbedingt das, was man vielleicht zunächst vermuten würde. Viele Menschen denken zunächst an die Aspekte, die sie mit vagen Ideen von Seelenverwandtschaft in Verbindung bringen: Sofortiges gegenseitiges Verständnis, tiefe, innige Zuneigung, höchstes Glück, ungeahnte Harmonie – kurz: Sie nehmen an, den Dualseelenpartner zu treffen, müsste die höchste Erlösung bringen. Letztlich stimmt das natürlich, aber sie kommt nicht als Regenschauer der Glückseligkeit daher, ganz im Gegenteil. Sie fordert und wühlt auf wie nie etwas zuvor. Doch von Anfang an: Was passiert, wenn ich auf meinen Dualseelenpartner treffe? Wie fühlt es sich an, woran erkenne ich es? Werde ich es merken?

Der überwältigenden, jenseitigen Natur der Angelegenheit ist es geschuldet, dass hierfür keine Anweisung gegeben werden kann, kein Handbuch kann geschrieben werden, dass dich beim Erkennen anleitet. So unterschiedlich, wie die Menschen sind, so unterschiedliche verläuft das Kennenlernen und Erkennen, jedoch haben alle Erfahrungsberichte von Menschen, die ihre Dualseele gefunden haben, eines gemeinsam: Du wirst es merken. Wenn deine Dualseele vor dir steht und ihr an der Stelle eures gemeinsamen Seelenplans angekommen seid, die eine Vereinigung vorsieht, dann werdet ihr euch erkennen. Genau das ist vorgesehen. Das Erkennen wird sich vielleicht ganz anders anfühlen, als du es dir ausgemalt hast, oder es kommt deiner Vorstellung sehr nahe – wie auch immer es verläuft, es wird sich dir offenbaren. Die Intensität und Klarheit dieser Verbindung lässt keine Täuschung und keinen Irrtum zu, das Einzige, was also gefordert ist, ist Vertrauen und Geschehen lassen. Das bringt übrigens eine weitere Tatsache mit sich, die zu akzeptieren vielen Menschen schwerfällt: Du brauchst deine Dualseele nicht zu suchen. Suchanfragen wie, „Wie finde ich meine Dualseele?“, kennt Google tausendfach und bereits in dieser Frage ist der Irrtum enthalten.

Du findest deinen Seelenpartner nicht, indem du ihn suchst. Du kannst dich auf die Suche machen und alles versuchen, was dir nur einfällt, oder du kannst ein zurückgezogenes Leben in einer Berghütte führen, die Wirkung ist genau dieselbe. Du wirst deinen Seelenpartner genau dann finden – besser: treffen –, wenn es vorgesehen ist. Das mag entmutigend klingen für diejenigen, die sehnsuchtsvoll auf der Suche sind, vor allem jedoch ist es zutiefst beruhigend: Du kannst nichts falsch machen, denn was geschehen soll, wird geschehen. Und wenn es dann geschieht, wie fühlt es sich an? Anders als alles je zuvor. Die Begegnung mit dem Seelenpartner wird als Erlebnis von unvorstellbarer Intensität beschrieben, bei der alle bisherigen „Spielregeln" nicht mehr gelten. Man mag schon verschiedene Beziehungen gehabt haben, auch intensive, innige, aber in dem Moment des Zusammentreffens wird klar werden, dass all diese Beziehungen kaum ein Schatten dessen waren, was nun entsteht. Zwischen den Seelenteilen herrscht eine solch starke Anziehungskraft – oft auch sexuell –, dass beide sich völlig ausgeliefert fühlen. Steuern, Widerstand und Kontrolle sind dahin, es gibt eine höhere Macht, die nun die Leitung übernimmt, und den beiden Beteiligten bleibt kaum etwas anderes als das atemlose Befolgen der Befehle des Herzens. Im Zusammensein durchströmt beide Partner eine solch mächtige Energie, dass nicht selten völlige Ohnmacht erlebt wird. Oftmals haben beide unmittelbar das starke Gefühl, sich schon sehr lange zu kennen und unendlich vertraut miteinander zu sein, obwohl sie sich gerade erst getroffen haben.

Viele Menschen beschreiben auch das ausgeprägte Gefühl, im Anblick des anderen sich selbst zu sehen, zu erkennen, sich gespiegelt wiederzufinden. Der Blick in die Augen des Partners zeigt etwas uralt Vertrautes, Warmes, Geborgenes, für das es keine rationale Erklärung gibt. Auch Parallelitäten scheinen immer wieder auf, man betrachtet und erlebt den anderen und immer wieder kommt einem unwillkürlich der Gedanke in den Sinn, „Du bist ja wie ich, du bist ich". Dies hängt mit einem weiteren Erlebnis zusammen, dass viele Dualseelenfinder teilen: Sie verspüren eine ganz neue Art der Verbindung zu ihrem Seelenpartner. Oft werden Phänomene beschrieben, die sich unter dem Begriff der Telepathie sammeln lassen: Du weißt, was dein Partner sagen möchte, obwohl er kein Wort gesprochen hat, du weißt, wie er auf eine Bemerkung, einen Vorfall etc. reagieren wird, noch bevor er etwas getan hat, du spürst, welche Worte du wählen musst, um genau das in ihm auszulösen, was du beabsichtigst. Umgekehrt besteht natürlich die gleiche Beziehung. Dein Seelenpartner sagt einen einzigen Satz und er löst in dir Gefühlsstürme aus, die andere Menschen mit Gedichten und Romanen nicht bewirken könnten.

Und schließlich bringt diese Verbundenheit noch etwas mit sich, was gleichzeitig für höchste Glückseligkeit sorgen kann, jedoch auch für tiefe Verstörung: Du kannst die Gefühle deines Partners spüren. Du empfindest sein Empfinden mit, und zwar nicht, indem du seine Mimik oder seine Worte besonders gut liest und somit seine Verfassung erahnen und verstehen kannst. Nein, du spürst tatsächlich, was er spürt. Du spürst seine Freude und Ausgelassenheit, seine Faszination und Atemlosigkeit, seine Seligkeit und seine Zufriedenheit, aber ebenso die Schattenseiten. Seine Traurigkeit fließt auch durch dich, seine Verzweiflung, seine Wut, seine Ratlosigkeit, seine Verletztheit, sein Hass. Alles, was er empfindet, findet auch in dir statt, und es gibt keine Distanz, die du zwischen eure Empfindung bringen kannst. Es muss wohl nicht gesondert erwähnt werden, wie herausfordernd und belastend diese Erfahrung sein kann, aber sie ist ein deutliches Zeichen dafür, dass der, der vor dir steht, tatsächlich ein Teil von dir ist. Viele Menschen berichten auch davon, dass all diese Punkte die Dimensionen verschwimmen lassen. Das Gefühl für Zeit geht verloren, die Zeit relativiert sich, man hat das Gefühl, herausgelöst zu sein aus der Realität, in der man sich bislang befunden hat. Es gibt einen anderen Kosmos, eine Ebene, die losgelöst ist vom Rest der Welt und in der die bekannten Regeln nicht mehr gelten: Sie existieren schlicht nicht. Und schließlich gilt: So intensiv die Gegenwart des anderen ist, so intensiv ist auch seine Abwesenheit. Es ist unmöglich, den Seelenpartner zu vergessen. Daran ändern auch weite Distanzen und lange Zeiten der Trennung nichts, die Liebe und Zuneigung bleiben bestehen und intensivieren sich oftmals sogar. Dies kann schmerzhaft sein oder eine nie empfundene Zuversicht verleihen, beides ist möglich im Wechselspiel zwischen den Anteilen einer Seele.All diese Phänomene können auftreten, wenn du deiner Dualseele begegnest, und dazu noch viele weitere. Es gibt keine Liste, die du abhaken könntest, und keinen „Test", denn alles, was hier passiert, geschieht auf einer Ebene, die sich der Logik des Verstandes entzieht. Fest steht, dass das Ereignis, wenn es eintritt, alles auf den Kopf stellen wird, was du kanntest und hattest. Es wird wunderbar sein und erschreckend, es wird dich überfordern und dir den Atem rauben, es wird dir alles abverlangen, dich an deine Grenzen bringen und darüber hinaus. Bringt der Seelenpartner den Himmel oder bringt er die Hölle oder bringt er vielleicht am Ende die Auflösung dieses Gegensatzes? Ganz sicher wird nichts mehr sein wie zuvor. Es gilt nun, eine Form der Liebe zu leben, die uns irdische Menschen in Kontakt bringt mit einer Form der Göttlichkeit, aus der sich unsere Seele irgendwann einmal gelöst hat. Man kann sich vorstellen, welch ungeheure Aufgabe das ist. Und so gibt es noch zwei Dinge, die erwähnt werden müssen. Die Wirkung der Begegnung mit dem Dualseelenpartner ist oft nicht nur im ersten Augenblick eine Überforderung, sondern tatsächlich grundlegend schmerzvoll. Es bedarf harter Arbeit und ausgeprägter Willensstärke, diese Beziehung gewissermaßen „durchzuarbeiten", um am Ende etwas Heilsames und Kostbares daraus erwachsen zu lassen. Und das kann etwas mit sich bringen, das viele Menschen überrascht und eine Erkenntnis verlangt, gegen die man sich zunächst oft sträubt: Manchmal muss man den Seelenpartner wieder gehen lassen.

Eine konfliktreiche Zeit

Dass das Zusammentreffen zweier Anteile einer Seele nicht Sonnenschein und Rosenblüten bedeutet, wissen wir nun. Wir wissen, dass in allererster Linie eine Aufgabe auf uns wartet, die alle bisherigen Seelenaufgaben übertreffen wird. Aber warum genau ist das so bzw. was passiert da eigentlich? Welcher Art sind die Schwierigkeiten, die sich ergeben, und was für einen Prozess durchleben wir dabei? Warum ist das Schwierige denn eigentlich überhaupt so verflixt schwierig? Beim Verständnis dieser großen Grundfragen können zwei Punkte weiterhelfen. Zum einen ist es nützlich, sich einmal genauer mit dem generellen Verlauf von Beziehungen auseinanderzusetzen, zum anderen ist es sinnvoll, ganz ehrlich die fürchterliche Frage zu stellen, „Wenn der andere doch ein Teil meiner Seele ist, wie kann es dann sein, dass er ein solch – Pardon – narzisstischer Idiot ist?".

DIE FÜNF PHASEN EINER BEZIEHUNG

Jeder, der in seinem Leben schon einmal eine Beziehung geführt hat, weiß: Beziehungen sind nichts Statisches. Sie verändern sich und mit ihnen verändern wir uns. Die Empfindungen der ersten Wochen haben nicht viel mit den Gefühlen zu tun, die wir dem Partner nach einigen Jahren entgegenbringen und das ist auch gut so. Allerdings – das ist oftmals das Komplizierte daran – ist nicht jede Entwicklung gesund und für ein langfristiges Miteinander wünschenswert. Es gibt Paare, die sich nach einigen Jahren trennen und es ist die beste Entscheidung ihres Lebens. Ihre zwischenmenschliche Dynamik hat sich in eine Richtung verändert, die am Ende nicht mehr guttut, sondern schadet – in solch einem Fall ist eine Trennung das einzig Richtige. Daneben gibt es allerdings ebenso Paare, deren Geschichte nicht entlang von Linien verläuft, die beiden Seiten heilsam und wohltuend sind. Die einen sollten sich längst trennen, schaffen es aber nicht, voneinander loszukommen – sei es, weil sie die Einsamkeit fürchten, weil sie nicht aufgeben wollen oder weil sie annehmen, so müsse eine Beziehung nun einmal sein. Die anderen machen es nicht besser: Sie lösen eine Verbindung auf, die gesund und positiv wäre, ganz einfach, weil sie falsche Vorstellungen davon haben, wie zwischenmenschliche Verbindungen sein können und sollen. Um diesen Gefahren entgegenzuwirken, hat der Paartherapeut Roland Weber ein Modell entwickelt, mit dem er die klassischen Entwicklungsstufen einer Beziehung beschreibt.

Er spricht hier von fünf Phasen, die alle Paare in der einen oder anderen Form durchleben, und zeigt die Charakteristika und auch die Fallstricke der einzelnen Stationen auf. Natürlich verläuft jede Beziehung letztlich in ganz einzigartiger Weise, es gibt sie nur einmal, genau wie es die beiden Partner nur einmal gibt, und vor allem im Hinblick des zeitlichen

Verlaufs lassen sich große Unterschiede finden. Abhängig von der Wesensnatur der beiden Partner und auch ihrer Beziehungsform (Fernbeziehung, Zusammenleben, Wochenendbeziehung, polyamore Beziehung) werden die einzelnen Phasen unterschiedlich schnell erreicht und auch unterschiedlich rasch durchlebt. Letztlich kommt aber kein Paar an diesen Stadien vorbei, die ein natürliches Produkt unserer Existenz als soziales Wesen sind. Auch und gerade im Hinblick auf Dualseelenbeziehungen ist es äußerst wichtig, mit diesem Prozess vertraut zu sein, denn viele Fragen lassen sich damit leichter beantworten. Dies gilt vor allem für Beziehungen, in denen zumindest ein Partner Zweifel hat: Ist der andere wirklich meine Dualseele? Gehört das, was ich erlebe, zu den Lernaufgaben und Prüfungen durch meinen Seelenpartner oder befinde ich mich schlicht in einer Beziehung, die mir nicht guttut?

Ist das, was ich erlebe, Teil eines normalen Prozesses und lässt es sich vielleicht dadurch erklären? Sehen wir uns also einmal an, durch welche Stadien ein Paar im Laufe seiner Geschichte so stolpert. Da ist zunächst einmal die Verliebtheitsphase. Oh, wir kennen sie alle nur zu gut! Sie ist genau das, was uns süchtig macht. Sie ist das, was uns beflügelt, inspiriert und fliegen lässt, sie bringt dieses Gefühl, von dem wir denken, dafür zu leben. Und wirklich stellt sie alles andere auf den Kopf und in den Schatten, diese Phase steht Pate für die Unmengen an Redewendungen, die die Menschheit sich hat einfallen lassen, um diesen unbeschreiblichen Zustand doch irgendwie zu beschreiben. Wir haben Schmetterlinge im Bauch und sind mit dem Kopf in den Wolken, wir schweben dort auf Wolke sieben und sehen alles durch die rosarote Brille, kurz: Wir sind überhaupt nicht mehr Herr unserer Sinne. Und das ist tatsächlich genau das, was passiert: Unser Gehirn funktioniert nicht mehr in seiner üblichen Art und Weise und der Grund dafür ist keineswegs abstrakt, sondern liegt in einem handfesten Hormoncocktail, den unser Körper für uns zusammenmixt und uns einträufelt, als hingen wir an einem Tropf. Wir sind – man kann das so sagen – auf Drogen. Und genauso fühlen und verhalten wir uns. Der andere schreibt eine SMS und wir laufen für den Rest des Tages in Hochstimmung durch die Wohnung, ein kurzer Anruf und wir schweben in Euphorie durchs Büro, ein einzelner Satz und wir zerpflücken stundenlang jedes einzelne Wort mit einem entrückten Lächeln im Gesicht. In der Gegenwart des anderen haben wir weder Augen noch Ohren für irgendetwas anderes, ein Lächeln löst Gefühlswallungen aus, die uns Stunden später noch die Hitze ins Gesicht treiben.

Zusammengefasst: Der andere löst in uns Dinge aus, die nüchtern betrachtet seine Realität völlig übersteigen. Der Grund dafür liegt nicht in ihm, sondern in uns, in unserem Gehirn. Und genauso betrachten wir dann auch unser Gegenüber. Nicht so, wie es ist, sondern so, wie wir es gerne sehen wollen. Der andere ist eine strahlende Lichtgestalt. Wir sehen allerhand an ihm, was uns begeistert und fasziniert. Sein Charakter zieht uns magisch an, wir lieben die Art, wie er den Mund zu einem leichten Lächeln verzieht, er kann zuhören und verstehen wie kein Zweiter. Seine Interessen sprechen uns an, sein Musikgeschmack ist fantastisch und alles, was er tut, tut er auf eine Art, die uns gefällt. Wir mögen sein gemütliches, nicht penibel aufgeräumtes Wohnzimmer und sind hingerissen von seinem spontanen, unkomplizierten Naturell. Fehler oder Schwächen?

Hat er nicht, niemals. Und wenn, dann finden wir sie charmant, so nach der Art: Manchmal ist er richtig chaotisch, vergesslich etc., aber das ist bei ihm wirklich süß. Die Natur hatte einen guten Grund dafür, das so einzurichten: bedingungslose Anziehungskraft für rasche, heftige Vereinigung und die Sicherung der Nachkommenschaft. Nun sind wir aber keine Enten, deren Lebensplanung eine Sommersaison nicht übersteigt, wir suchen nicht mehr nur nach einer Quelle für genetisches Material, sondern stellen als soziales Wesen weiterführende Ansprüche an zwischenmenschliche Beziehungen. Dies führt notwendigerweise zu den weiteren Stufen, die unsere Beziehungen schließlich durchlaufen. Die nächste Phase ist in der Regel mit einer gewissen Ernüchterung verbunden. Die rosa Brille ist abgesetzt und wir sehen den Partner wieder durch die normalen Brillengläser.

Das heißt vor allem: Wir fangen langsam an, den realen Menschen zu sehen. Und notgedrungen fallen uns nun Dinge auf, die wir zuvor nicht gesehen haben. Oft sind es Kleinigkeiten, Eigenheiten, Gewohnheiten, manchmal auch körperliche Details, die uns mit einem Mal ins Bewusstsein purzeln und wir fragen uns: Wie kann das sein, dass mir das bislang noch nicht aufgefallen ist? Der ständig leicht genervte Tonfall, wenn er über unangenehme Dinge spricht, dass er seine dreckigen Socken einfach auf den nächsten Stuhl wirft, beim Suppeessen schlürft er ein wenig unappetitlich, den Staubsauger holt er immer erst hervor, wenn es wirklich nötig ist, und auf seinen großen Zehen wachsen diese schwarzen Haare, die uns irgendwie noch nie aufgefallen sind. Wir entdecken lauter neue, kleine Details und zudem rücken wir unsere Sicht auf bereits Entdecktes zurecht. Wir fanden seine Unorganisiertheit charmant?

Nun ja, das führt eben auch mal dazu, dass er Verabredungen vergisst oder den Einkauf nicht erledigt. Die hinreißend-lässige Art, mit der er seine Klamotten einfach in die nächste Ecke wirft, wenn wir voll plötzlicher Leidenschaft übereinander hergefallen sind? Die wirft er da leider jeden Abend hin und es wurmt uns, dass wir die Unordnung entweder selbst beseitigen oder eine Diskussion beginnen müssen. Was also passiert, ist, dass wir unsere Lichtgestalt Stück für Stück ein bisschen entzaubern müssen. Er ist nicht der makellose Märchenfang, er ist ein Mensch wie wir selbst und er hat Fehler und Schwächen wie jeder andere auch. Das Problem ist: Bei jedem anderen Menschen akzeptieren wir das ganz selbstverständlich, bei unserem Partner fällt uns das aus mehreren Gründen schwer: Erstens fühlen wir uns ein wenig getäuscht, von ihm, aber vor allem von uns selbst. Schließlich haben wir zu Beginn gedacht, wir hätten einen fehlerfreien Mustermenschen ergattert und nun stellt sich heraus, dass das ein Irrtum war. Wir fragen uns, wie wir uns so täuschen konnten, und wenn wir schon bei der Kritik sind, dann malen wir noch ein wenig schwärzer: Wenn wir uns da schon getäuscht haben und offensichtlich so völlig blind waren, bei was haben unsere närrisch gewordenen Sinne uns dann noch in die Irre geführt? Außerdem stellen wir an den Partner ganz besondere Anforderungen: Schließlich wollen wir im Idealfall das ganze Leben zusammen verbringen und außerdem erhoffen wir uns von ihm – ganz gleich, wie abgeklärt und vernünftig wir sind – immer ein kleines bisschen das große, märchenhafte Glück. Er soll uns glücklich machen, er soll unser Leben besser machen, auch, wenn wir genau wissen, dass diese Macht niemand außer uns selbst hat. In dieser Phase zerbrechen zahlreiche Beziehungen. Das ist nicht immer falsch, manchmal stellen wir ganz korrekt fest, dass der andere nicht wirklich zu uns passt. Wir merken, dass es der glitzernde Schleier unserer Verliebtheit war, der ihn uns als passenden Partner hat erscheinen lassen und dass die Realität davon zu trennen ist. Dies kann der Fall sein, wenn einzelne Aspekte so störend sind, dass man sie tatsächlich nicht hinzunehmen gewillt ist und dafür auch gute Gründe hat. Wer selbst ein sehr organisiertes Leben führt, auf geregelte Tagesabläufe angewiesen ist und diese Lebensweise auch schätzt, der wird auf Dauer neben einem spontanen Tagträumer nicht zufrieden sein können. Manchmal stellt man auch fest, dass das Verbindende weitaus weniger ist als zunächst gedacht und es gibt schlicht nicht genug, was einen zusammenhalten würde. Vielleicht offenbart sich auch ein persönliches No-Go, etwa der Wunsch nach Affären, während man selbst monogam leben möchte. Und schließlich beginnt man auch, die Lebensvorstellungen und -pläne abzugleichen, und prüft, ob sie kompatibel sind. Der Partner möchte unbedingt eine Familie gründen, aber man selbst hat überhaupt keine Lust auf Kinder? Der Partner träumt vom festen Eigenheim im Grünen, während die eigenen Wünsche sich auf Ungebundenheit und Ortswechsel richten? Wenn es sich hierbei um gefestigte Vorstellungen von großer persönlicher Bedeutung handelt, macht ein gemeinsames Leben wenig Sinn. Allerdings liegt bei Weitem nicht bei allen scheiternden Paaren ein solch triftiger Grund vor, vielmehr sind die Trennungsgründe oft nicht mehr als eine Überreaktion auf die eigenen übertriebenen Ansprüche. Man nimmt an, die entdeckten Fehler seien ein klares Indiz dafür, dass man eben nicht füreinander geschaffen sei, und wertet sie als Zeichen. Unsicherheit stellt sich ein und man neigt dazu, sich bei jedem entdeckten „Fehler" zu fragen, ob es denn nicht möglicherweise einen anderen, besseren, perfekteren Partner gibt, den man eben erst noch finden müsste. Dieses Denken ist eng verbunden mit den stark veränderten Beziehungsvorstellungen, die wir in der westlichen Welt in den letzten Jahrzehnten entwickelt haben. Während unsere Großeltern noch recht selbstverständlich einen Partner suchten, der an ihrer Seite verlässlich mit durchs Leben gehen würde und mit dem sie vor allem eine Art Lebensbewältigungsgemeinschaft bilden würden, haben wir ganz andere Ansprüche erlernt.

Wir sollen die wahre, große Liebe finden, die uns bei der Verwirklichung unseres Selbst hilft und uns schließlich glücklich macht. Bei Zweifeln haben wir gelernt, sofort zu denken: Du hast etwas Besseres verdient und schließlich leben wir nicht mehr im 18. Jahrhundert, wo Ehen von den Eltern arrangiert wurden. Eine Beziehung, die nicht die „richtige" ist, müssen wir heute nicht mehr aushalten. An diesen Ansprüchen und den daraus resultierenden Zweifeln zerbrechen in dieser Phase viele Beziehungen, die widerstandsfähigen allerdings machen hier eine schöne und kostbare Erfahrung: Die Verliebtheit als flattriges Gefühl verschwindet und die Liebe kommt. Wir lernen nun, den Menschen zu lieben, der da wirklich vor uns steht und nicht mehr das romantisierte Idealbild, das wir uns gebastelt haben. Kleine Konflikte entstehen und werden ausgehandelt und wir erlangen die Fähigkeit, konstruktiv mit unserem Zusammensein umzugehen. Und vor allem: Was wir dem Partner entgegenbringen, das bekommen wir schließlich zurück. Auch der Partner sieht uns nun, wie wir sind, und vor allem liebt er uns, wie wir sind. Wir müssen nicht mehr ständig die Hochglanzversion unseres Selbst präsentieren und die Schattenseiten verstecken, sondern machen die Erfahrung, dass wir auch einmal ungeduldig sein können, nachlässig, unbeherrscht und undiszipliniert – und trotzdem geliebt werden. Am Ende dieser Phase steht also, wenn sie glückt, ein enormer Zugewinn an persönlicher Sicherheit. Und dann steht Phase drei an.

Sie klingt nicht besonders schön und ist tatsächlich oft auch nicht sonderlich angenehm, denn hier dominieren Gegensätze, Machtkämpfe, Erziehungsversuche. Wir haben in Phase zwei bereits Makel und störende Elemente entdeckt und nun machen wir uns mit aller Kraft daran, hier Korrekturarbeit zu leisten bzw. unsere Stellung zu festigen. Diese dritte Phase ist geprägt von ständigem Aushandeln und Ausfechten. Hier findet all das kleine Gemäkel statt, hier werden Bedingungen gestellt und Anforderungen formuliert. Beide Partner bringen sich in Position, was heißt, dass sie versuchen, deutlich zu machen, was sie nicht aufzugeben bereit sind, an welcher Stelle sie nicht bereit sind, von ihrer Position abzurücken. Machtkämpfe größerer und kleinerer Natur werden ausgefochten, der eine klappt den Toilettendeckel grundsätzlich herunter, der andere wieder nach oben. Botschaften wie, „Hierbei bin ich nicht bereit, Kompromisse einzugehen, ich bestehe darauf, dass dieses und jenes genau so bleibt“, sind typisch für diese Phase, genau wie Versuche, etwas am Partner zu verändern. Dies geschieht auf unterschiedliche Art und Weise und davon, ob beide jeweils mit ausreichend gutem Gespür für den anderen vorgehen, hängt Gelingen oder Nichtgelingen stark ab. „Musst du beim Suppeessen immer so schlürfen?“, „Willst du nicht vielleicht mal öfter ein anständiges Hemd tragen?“, „Ich finde, du solltest ein bisschen weniger Fleisch essen.“, „Vielleicht wäre es gut, wenn du wieder mit dem Aerobictraining anfangen würdest.“ – solche mehr oder weniger subtilen Kritikäußerungen und Erziehungsversuche prägen Phase drei.

Auch an diesem Punkt stellen viele sich die Frage, ob man denn wirklich zusammenbleiben sollte oder ob eine Trennung nicht besser wäre, und nicht wenige Paare entscheiden sich dann schließlich auch für Letzteres. Und genauso wie in Phase zwei ist auch hier nicht grundsätzlich zu sagen, was denn nun richtig ist. Sollte man sich durchkämpfen und nicht aufgeben, weil die Beziehung an sich einen tieferen Wert hat, der unser Leben auf Dauer bereichern wird? Oder geht es um so grundlegende Differenzen, dass das Fortsetzen der Beziehung nicht mehr bedeuten würde als einen ständigen, ermüdenden und niemals zu befriedenden Konflikt? Der entscheidende Unterschied liegt in Ausmaß und Natur der Streitpunkte. Geht es um Kleinigkeiten, die eigentlich vor allem Gewohnheiten sind? Haben sie in sich einen Wert oder sind sie nur wichtig, weil sie vertraut sind? Ist einer der beiden bereit und fähig, dem anderen entgegenzukommen? Gelingt es beiden Partnern, ein gefühltes Gleichgewicht herzustellen, oder hat einer durchgehend das Gefühl, derjenige zu sein, der zurückstecken muss? Weiter führen auch folgende Fragen: Stehen den Konfliktpunkten ausreichend starke verbindende Elemente entgegen? Wie viel Zeit und Raum nehmen Auseinandersetzungen ein, wie viel gemeinsamer Genuss? Besteht über grundsätzliche Themen Einigkeit, kann gemeinsam Schönes erlebt werden? Sind Ärger und Verbitterung über einzelne Punkte nachhaltig oder verfliegen sie auch immer wieder rasch? Am Ende dieser Phase stehen einige Erkenntnisse. Zunächst etwas Ernüchterndes: Den Partner wird man nicht mehr ummodeln können. Er ist so, wie er ist, Punkt. Vielleicht schraubt er den Deckel der Zahnpasta dir zuliebe etwas öfter auf die Tube und vielleicht sitzt er einmal etwas öfter auf dem Hometrainer, aber wenn er kein begeisterter Athlet ist, wirst du ihn auch zu keinem machen. Die zweite Erkenntnis ist ebenfalls mühsam, aber auch erleichternd: Kompromisse sind nötig, aber auch möglich. Und drittens: Wir sind beide, wie wir sind, und wir können uns auf genau diese Weise gegenseitig lieben. Nach all der Anstrengung gibt es zudem angenehme Aussichten, denn nun wird die Beziehung in ruhigeres Fahrwasser segeln. Die größten Turbulenzen und heftigsten Gemütswallungen sind überstanden, die Wellen des sturmgepeitschten Beziehungsmeeres glätten sich und die Beziehung verbraucht weniger Kraft. Phase vier bietet demzufolge Raum für Ruhigeres. Nun kommt es zur Klärung im größeren Kontext. Die Positionen sind ausgehandelt, jetzt geht es für beide erstmals wieder um Innenschau. Bin ich denn zufrieden und glücklich mit dem, was ich in dieser Beziehung sein kann? Welches Verhältnis besteht zwischen dir, mir und uns? Habe ich den Raum, den ich brauche? Gibt mir unser Zusammensein den emotionalen Rückhalt, den ich für meine eigenen Angelegenheiten benötige? Bewegen wir uns als Paar in eine Richtung, die auch mir als Individuum gefällt und guttut? Bestehen ungesunde Abhängigkeiten oder ist jeder von beiden noch eine eigenständige, unabhängige Person? In dieser Phase lenken die Partner den Fokus wieder verstärkt auf sich selbst, ihre Lebensweise, ihre Interessen und prüfen, ob Bedürfnisse und Realität kompatibel sind. Dazu gehört auch die gegenseitige Unterstützung bei der jeweiligen persönlichen Entwicklung. Die eigene Entfaltung bekommt nun wieder Raum und ist auch immens wichtig.

Beide Partner müssen jetzt losgelöst voneinander Bedeutung in ihrem jeweiligen Leben schaffen, Dinge finden, die wichtig sind, anregen, interessieren. Es ist die Zeit für die Wiederaufnahme von Hobbys und Tätigkeiten, das Rückbesinnen auf alte Wünsche und Träume und der konkreten Schritte in Richtung Verwirklichung. Du hast in deiner Jugend Geige gespielt und wolltest eigentlich schon lange einem Laienorchester beitreten? Die Tanzschuhe liegen schon viel zu lange im Schrank und warten auf erneuten Einsatz? Im Beruf hast du schon länger mit einer Richtungsänderung geliebäugelt? Das Ehrenamt im Tierschutzverein ist dir seit Jahren ein Anliegen? Für genau diese Dinge ist nun die Zeit gekommen. Beide Partner schärfen im Nebeneinander ihr jeweils eigenes Profil und schaffen somit Stabilität, aber auch Anziehungskraft für den anderen. Was in dieser Phase auch nicht selten Thema wird: Sexualität. Sind wir in unseren Wünschen und Bedürfnissen kompatibel? Bekommt jeder, was er braucht, ist die Sinnlichkeit etwas eingeschlafen und wenn ja, können und wollen wir dagegen etwas tun? Viele Paare entdecken in dieser Phase Neues am Partner oder lernen einen neuen Blick auf ihn. Hier zeigt sich nun wirklich und meist auch endgültig, ob zwei Menschen zueinanderpassen. In diese Phase fällt auch das viel zitierte verflixte siebte Jahr, obwohl es natürlich keinesfalls nach genau sieben Jahren eintreffen muss. Vielmehr bezeichnet es ein ganz bestimmtes Stadium der Beziehung, in der letztlich auch Bilanz gezogen wird. Wenn diese positiv und bejahend ausfällt, belohnt die fünfte und letzte Phase mit dem eigentlichen Höhepunkt der Beziehung. Die Schlagworte hierfür sind Vertrautheit, Zugehörigkeit, Geborgenheit und Harmonie. Man kennt seinen Partner, man kennt alle Facetten seiner Persönlichkeit, man hat ihn in jeder erdenklichen Situation gesehen und erlebt, man weiß nun tatsächlich, wer der andere ist, und man weiß, dass es gut so ist. Die gegenseitige Zuneigung ist bedingungslos, sie stellt keine Ansprüche und hat keine unrealistischen Wünsche.

Die gemeinsame Zeit hat zusammengeschweißt und aus zwei Individuen eine starke, gefestigte Einheit geformt, in der jeder seinen Platz und seinen Raum hat. All die durchgestandenen Krisen, Kämpfe und Streits, die vergossenen Tränen, die hitzigen Wortgefechte, die Empörung und die Enttäuschung, alles, was man zusammen vollbracht hat, ist zu einem starken emotionalen Kleber geworden. Man weiß, dass man sich auf den anderen verlassen kann. Man weiß, dass man im anderen einen sicheren Hafen hat und bedingungslosen Rückhalt, eine feste Stütze und ein Heim, in dem man jederzeit Zuflucht finden kann. Wer es bis hier geschafft hat, erlebt Frieden und Glückseligkeit, die nicht vielen vergönnt sind, denn zahlreiche Paare sind irgendwo auf dem langen, steinigen Weg gescheitert. Egal, mit wem du deine Beziehung gerade lebst, diesen Prozess werdet ihr beide gemeinsam durchlaufen. Es ist jedoch gerade im Hinblick auf deinen Dualseelenpartner besonders wichtig, sich dessen bewusst zu sein. Denn auch eine solche Beziehung ist schließlich eine Beziehung. Es ist die höchstmögliche Form der Beziehung und sie erlebt alles in einer Intensität, die sonst nicht zu finden ist, aber es wäre naiv, anzunehmen, dass sie gegen die ganz üblichen Schwierigkeiten gefeit wäre. Das ist sie nicht. Allerdings können diese Konflikte um einiges stärker verunsichern, als sie dies in jeder „normalen" Beziehung bereits tun. Denn erstens kann niemand solch intensive Empfindungen in uns auslösen, wie unser Dualseelenpartner dies vermag, und das bedeutet natürlich auch, dass all die Kränkungen und Verletzungen auf einer Gefühlsebene stattfinden, die uns an den Rand des Erträglichen bringen kann. Und zweitens überfordert uns nicht selten der Gedanke an sich: Wenn er doch mein perfekter Partner ist, weil er ein Teil meiner Seele ist, wie kann es dann sein, dass wir solche Dinge durchleben müssen? Wie kann es sein, dass wir nicht immun sind gegen die alltäglichen Schwierigkeiten, sollten solche Probleme sich für uns nicht einfach in Luft auflösen? Warum das so ist und auch unbedingt so sein muss, soll das folgende Kapitel verständlich machen.

WARUM WIR DEN ANDEREN HÄUFIG ALS „NARZISSTEN" ERLEBEN

Die Intensität der Dualseelenbeziehung macht, wie wir wissen, leider nicht Halt bei den schönen Dingen und nicht einmal bei den tiefgehenden, aufwühlenden. Sie neigt dazu, alles, was in einer Beziehung stattfinden kann, zu intensivieren, und damit eben auch die negativen Eindrücke, die man von seinem Partner bekommt. Fassen wir den Mut, diese Dinge einmal beim Namen zu nennen, so hässlich sie auch sein mögen: Vor uns steht jemand, der egoistisch, rücksichtslos, kalt, gleichgültig, flatterhaft ist – oder zumindest so scheint. Er mag unser Dualseelenpartner sein, schön und gut, aber zunächst nehmen wir wahr, was er uns antut. Vor uns haben wir einen Narzissten, wie er im Buche steht, mit all den scheußlichen Facetten seines Verhaltens und wir können einfach nicht verstehen, wie es sein kann, dass dieser Mensch die zweite Hälfte unseres Selbst sein soll. Es gibt in der Dualseelenlehre zwei grundsätzliche Annahmen, die uns helfen können, diese Erfahrungen sinnvoll einzuordnen.

Zunächst einmal das grundlegende Konzept der zwei Typen. Wie bereits Platon für seine Kugelmenschen und ebenso die fernöstlichen Religionslehren feststellen, gibt es offensichtlich zwei Anteile oder Varianten. Platon sprach von den männlichen und weiblichen Anteilen und auch der Hinduismus kennt den Dualismus aus männlicher und weiblicher Kraft. Und interessanterweise ist damit jeweils ein ganz bestimmter Eigenschaftenkomplex gemeint, dem männlichen und weiblichen Prinzip werden bestimmte Energien und Eigenheiten zugeordnet. Damit geht die Unterteilung weit hinaus über die einfache Zuschreibung eines biologischen Geschlechts. Es scheint zwei unterschiedliche Kraftformen zu geben, die man vielleicht männlich und weiblich nennen kann, vielleicht aber auch anders. In der Dualseelentheorie gibt es dafür das Gegensatzpaar aus „Loslasser“ und „Gefühlsklärer“. Der Loslasser wird manchmal auch als „Herzmensch“ oder mit dem englischen Begriff „chaser“ bezeichnet, für den Gefühlsklärer verwendet man ebenfalls die Bezeichnungen „Kopfmensch“ oder „runner“. Das Geschlecht wird dabei nicht festgelegt, Beobachtungen und Erfahrungsberichte zeigen aber, dass in einem Dualseelenpaar meist die Frau der Loslasser ist und der Mann der Gefühlsklärer. Sehen wir uns nun genauer an, was die beiden jeweils ausmacht. Da ist zunächst einmal der Loslasser. Ich verwende diese Bezeichnung besonders gern, da sie zwar auf den ersten Blick verwirrend erscheint, aber letztlich ganz genau die Aufgabe dieses Dualpartners umreißt. Der Loslasser heißt nicht so, weil ihm das Loslassen so leichtfällt, ganz im Gegenteil: Loslassen ist genau das, was er lernen muss, es ist seine große Lernaufgabe. In der Beziehung ist er derjenige, der genau das mitbringt, was man sich unter Herzmensch vorstellt. Er ist meist der Teil, der aktiv und sehnsuchtsvoll auf der Suche nach seiner zweiten Seelenhälfte ist, und der Teil, der dann auch umso intensiver daran festhalten möchte, wenn beide einmal zueinandergefunden haben. Und man kann diesen Menschen auch in seinem sonstigen Leben mit einigen Attributen beschreiben, die dir vielleicht rasch bekannt vorkommen. Loslasser sind die Art von Menschen mit einem großen, offenen Herzen. Sie sind diese besten Freunde, die jeder sich wünscht, weil sie im Zweifelsfall immer helfend zur Stelle sind. Sie scheinen ein unerschöpfliches Reservoir an Liebe, Zuneigung, Güte und Freundlichkeit zu haben, und gießen diese freigiebig über ihre Mitmenschen aus. Sie handeln nach dem Herzen, gefühlsbetont, oft auch impulsiv, sie entscheiden aus dem Bauch heraus. Ihre Empfindungen sind ihnen viel wert, sie nehmen sie ernst, hören auf ihre Wahrnehmungen und das, was sie fühlen, dient ihnen als Wegweiser. Allerdings sollte man vorsichtig sein mit zu einseitigen Zuschreibungen, denn man neigt dazu, sich den Loslasser folgendermaßen zusammenzufassen: Er ist natürlich eine Frau, überemotional, Logik und Verstand gelten bei ihr gar nichts und vernünftig nachdenken kann sie auch nicht. Dieses Bild ist Unsinn. Nicht nur, weil es kaum mehr anbietet als alte, primitive Klischees der Frauenfeindlichkeit, sondern auch, weil es die Dinge völlig falsch gewichtet. Selbstverständlich stehen dem Loslasser Verstand und Vernunft ganz genauso zur Verfügung, er räumt aber bewusst dem Gefühlsleben einen hohen Stellenwert ein. Manchmal auch einen zu hohen Stellenwert – et voilà, da wären wir wieder bei der Lernaufgabe. Der Loslasser leidet nun oftmals stärker oder zumindest offensichtlicher unter seinen Gefühlen und damit auch unter den Schwierigkeiten einer Dualseelenbeziehung. Denn das, was er nicht kann, ist das, was oftmals nötig ist: Loslassen. Auch das gilt ebenfalls für das Leben außerhalb der Dualseelenbeziehung. Solchen Menschen fällt es oftmals sehr schwer, in ihrer Liebenswürdigkeit Grenzen zu ziehen.

Man kann sie um beliebig viele Gefallen bitten und sie werden lange nicht Nein sagen. Man kann ihnen übel mitspielen und sie werden lange großherzig sein, nachsichtig und verzeihend. Sie finden Entschuldigungen für das Fehlverhalten anderer und machen es böswilligen Mitmenschen damit leicht, sie auszunutzen. Und tatsächlich ist dies das größte Problem solcher Charaktere: Sie werden ausgebeutet. Sie scheitern daran, sich von Menschen zu distanzieren oder zu trennen, die ihnen nicht guttun, und genau darin besteht das Loslassen, das sie so dringend lernen müssen. Sie müssen lernen, sich aus eigenem Antrieb und eigener Erkenntnis heraus aus Situationen und Beziehungen zu befreien, die ihnen nicht guttun. Und sie müssen auch lernen können, den Dualseelenpartner gehen zu lassen, aus unterschiedlichen Gründen, die in diesem Buch noch genauer beleuchtet werden. Übrigens: Kommt dir all das bekannt vor? Es ist recht wahrscheinlich, dass du als Leser dieses Buches ein Loslasser bist.

Zu deren Eigenschaften gehört ja die Beschäftigung mit Gefühlen und meist sind sie der Anteil in einer Dualseelenbeziehung, der sich intensiv damit auseinandersetzt, darüber liest und mehr davon verstehen will. Dem komplementär gegenüber steht nun der Gefühlsklärer. Mitnichten heißt er so, weil er Klarheit über Gefühle hätte oder gar brächte, ganz im Gegenteil: Genau dies muss er dringend lernen. Er ist der typische Kopfmensch, der gerne alle Entscheidungen und Ansichten streng nach der Logik seines Verstandes ausrichtet. Vernunft, logische Schlüsse, gerne Wissenschaft – es sind diese Aspekte, auf die er sein Leben aufbaut und nach denen er auch seine Beziehungen gestaltet. Gefühle hat er natürlich auch, aber mit denen geht er ganz anders um als der Loslasser. Zunächst fügt er sie in sein logisches Weltbild ein und wenn sie nicht rational erklärbar sind, dann haben sie keine Berechtigung. Außerdem räumt er ihnen weniger Raum und Bedeutungsfülle ein. Gerne erklärt er sie mit neuronalen Prozessen im Gehirn und hormonellen Bedingungen und nach dieser Logik geht er dann auch mit ihnen um. Sind sie störend, werden sie unterdrückt oder ignoriert. Der Gefühlsklärer ist also eine sehr stabile, verlässliche Person, die oft mit beiden Beinen fest im Leben steht und auf dem Boden der Realität verankert ist. Seine Freunde schätzen ihn dafür, dass er bedächtig und zuverlässig ist, dass sein Rat stets wohlüberlegt und sinnvoll ist und dass auf seine Entscheidungen Verlass ist. Seine Gesellschaft ist unaufgeregt, beständig, angenehm und frei von Dramen oder plötzlichen Wendungen. Probleme bekommt der Gefühlsklärer – ganz genau – eben dann, wenn es nur noch um Gefühle geht. Dies kann in sämtlichen Beziehungen zu Schwierigkeiten führen, in einer Dualseelenbeziehung natürlich in besonderem Ausmaß. Denn schließlich wird auch er hier mit Emotionen nie gekannten Ausmaßes konfrontiert. Und seine natürlichen Reaktionen darauf sind Flucht, Verleugnen, Bekämpfen und Ignorieren.

Das, was ihm da passiert, erscheint ihm völlig unlogisch und deswegen sagt ihm sein Verstand, dass er dem Ganzen auch keinen Platz einräumen darf. Zudem überfordern die Empfindungen ihn, er ist sie nicht gewohnt und die Tiefe darin macht ihm Angst. Was er lernen muss, ist, diese Gefühle zuzulassen, willkommen zu heißen und das unendlich Schöne darin wahrnehmen zu lernen. In dieser Dualität liegt nun ein Teil der Erklärung dafür, warum wir den anderen Teil unserer Seele oftmals als – Pardon – narzisstischen Idioten wahrnehmen. Denn wie bereits erwähnt sind es meist die Loslasser, die sich mit der Beziehung auseinandersetzen, und ihr Partner ist dann ein solcher Gefühlsklärer. In seinem Verhalten bringt er all das mit, was ihn uns als Narzissten erscheinen lässt. Wir offenbaren ihm unsere Gefühle und Ängste und was tut er? Er runzelt die Stirn und sagt, wir sollen uns mal nicht so anstellen. Oder er geht noch weiter: Er zeigt uns auf einmal die kalte Schulter, stößt uns zurück, weist uns ab, verbringt einige Zeit mit uns in dieser unendlich intensiven Beziehung und leugnet irgendwann alles, was da war. Er sagt, man habe sich wohl getäuscht, und behauptet, man wäre eben verliebt und damit verwirrt gewesen. Er verletzt uns vielleicht absichtlich, um uns zu beweisen, dass er recht hat. Und wir können kaum anders, als ungläubig zu denken, „Wie kann man so ein selbstsüchtiger Idiot sein?".

Aber die Annahme der beiden Typen ist eben nur der erste Teil, die zweite diesbezügliche Annahme der Dualseelenlehre hat nur mit uns als Individuum zu tun: wieder einmal der Lernprozess. Als getrennte Seele sind wir auf die Erde gekommen, um Dinge zu lernen, um zu wachsen und zu reifen. Unsere größten Aufgaben stehen uns in der Begegnung mit unserer Dualseele bevor, es ist quasi das Finale des großen Kampfes, den wir zu führen haben. Wir haben das Loslassen-Können noch nicht gelernt und es ist die wichtigste Aufgabe unseres Partners, uns genau dort hinzuzwingen, uns mit Macht an den Punkt zu treiben, an dem wir nachbessern müssen in unserem Erkenntnisprozess, uns mit schmerzhafter Intensität mit der Nase darauf zu stoßen. Provozierend könnte man formulieren: Unser Dualseelenpartner tut uns das an, worum wir ihn letztlich gebeten haben. An dieser Stelle soll noch ein weiterer Punkt nicht unerwähnt bleiben. Wir alle haben Lernaufgaben zu bewältigen und in der Regel stehen diese in Verbindung mit Dingen, die wir überwinden müssen.

Die Aufgaben richten sich darauf, etwas zu erlernen, das wir nicht können, weil Verletzungen uns davon abhalten. Der Inkarnationslehre folgend haben wir in all den Leben, die wir auf der Erde verbracht haben, einiges an Verletzungen angesammelt, man könnte sagen, unser seelischer Leib ist von alten Wunden geradezu übersät. Viele davon waren klein und nicht sonderlich tief und bis zu dem Zeitpunkt, an dem wir unsere zweite Hälfte wiedertreffen, haben wir viele davon auch bereits geheilt. Wir haben schließlich schon viel gelernt. Die größten, tiefsten und schmerzhaftesten Wunden aber, die schwären noch. Sie fressen an unserer Seele wie entzündete Schnitte und oft sind sie so schmerzhaft, dass wir sie eigentlich gar nicht ertragen können. Genau dafür haben wir unser Ego ausgebildet, wir verwenden es als eine Schutzschicht, die uns abseits dieser Verwundungen leben lässt. Die Verletzungen sind letztlich von uns abgespalten, wodurch wir uns zwar eine recht erträgliche Existenz ermöglichen, die aber nur einen Teil von uns einschließt. Und es ist ganz offensichtlich, dass für die Vereinigung mit unserem Seelenpartner nicht nur ein kleiner Teil von uns reicht, sondern dass wir ganz sein müssen. Also sind wir gezwungen, all das, was wir so sorgfältig abgetrennt und verborgen haben, wieder hervorzuholen, um es aufzuarbeiten. Die schmutzigen Verbände müssen herunter von den Wunden, damit diese endlich heilen können. Weil wir das aber nicht freiwillig tun, muss unser Seelenpartner uns dazu zwingen.

Und tatsächlich gibt es für die beiden Seelenteilarten typische Verwundungen, die oft jeweils entweder von Loslasser oder Gefühlsklärer mit herumgeschleppt werden. Erhellende Erklärungen dazu bietet Lise Bourbeau in ihrem Buch „Heilung der fünf Wunden der Seele". Der Loslasser kennt häufig die Wunden der Ablehnung und des Verlassenwerdens. Die Erfahrungen, die zu diesen Verletzungen geführt haben, sind tief eingespeichert und wirken unfassbar traumatisierend. Darum wurden Masken entwickelt, mit denen der Schmerz kaschiert oder handhabbar gemacht werden soll, üblicherweise sind dies Flucht und Abhängigkeit. In der Logik der Schmerzvermeidung macht das Sinn: Wer nichts mehr fürchtet, als abgelehnt zu werden, der erspart sich diese Erfahrung am zuverlässigsten dadurch, dass er die Flucht ergreift, bevor er überhaupt abgelehnt werden könnte. Und wer Angst davor hat, verlassen zu werden, klammert sich so hingebungsvoll an den anderen, dass er ohne diesen nicht mehr lebensfähig wäre – und es dem anderen somit fast unmöglich macht, zu gehen. Gefühlsklärer hingegen kennen oft drei andere Schmerzen. Sie rühren von den Wunden des missbrauchten Vertrauens, der Demütigung und der ungerechten Behandlung. Die Gegenmaßnahmen sind strikte Kontrolle, Unterwerfung und Erstarrung. Auf diese Weise versuchen Gefühlsklärer, den Dingen, die solche Verletzungen auslösen könnten, zuvorzukommen und sich somit gegen eine erneute Schmerzerfahrung zu schützen. Diese typischen Wunden und die üblichen „Gegenmaßnahmen" tun nun ihr Übriges dazu, dass der Seelenpartner uns als Narzisst und Egoist begegnet. Denn einerseits führt er uns ja genau an die Abgründe in uns selbst heran, andererseits zappelt er selbst noch verzweifelt im Netz seiner eigenen Vermeidungsstrategien. Wer sich also in einer Phase seiner Dualseelenbeziehung befindet, in der wahrgenommener Narzissmus und Kränkung ihm ernsthafte Zweifel bescheren, der sollte die Sache noch einmal vor dem Hintergrund der gerade beschriebenen Zusammenhänge betrachten. Vieles im Verhalten des Partners kann mit diesem Wissen mehr Sinn ergeben und erleichtert es auch, daraus die richtigen Schlüsse für unser eigenes Verhalten zu ziehen.

Wenn uns der Seelenpartner hilft

In den vorigen Kapiteln ist bereits immer wieder das Thema des Lernens und Wachsens angeklungen. Du weißt bereits, dass dies letztlich der höchste und einzige Grund deiner Existenz auf Erden ist und du weißt, dass der Weg schwierig und schmerzhaft sein kann. Du weißt auch, dass dein Dualseelenpartner dabei eine ganz besondere Rolle spielt, aber wie genau sieht das nun aus? Was bedeutet es, wenn er dir beim Wachsen hilft, wie äußert sich das, über welche Dynamik kann er in dir tatsächlich Wirkung erzielen? Und schließlich: Was wird und muss dabei in dir vorgehen? Welche Bedingungen müssen erfüllt sein und was musst du da eigentlich wirklich durchleben, um dich deinem Ziel immer weiter anzunähern? Mit genau diesen Fragen wollen wir uns nun in den folgenden Kapiteln genauer beschäftigen und uns auch einmal erste Übungen ansehen, mit denen wir an bestimmten emotionalen Problemen arbeiten können.

UNSER SEELENPARTNER ALS SPIEGEL UNSERER SCHMERZHAFTESTEN ERFAHRUNGEN

Es ist leider wirklich wahr: Niemand wird so gnadenlos alles an Wunden und Verletzungen in dir heraufbeschwören wie dein Dualseelenpartner. Von diesen Wunden und ihrer tiefen Verwurzelung in deiner Person haben wir bereits im vorigen Kapitel gesprochen, nun soll noch die Brücke geschlagen werden, weshalb genau der Seelenpartner dies alles aktiviert und woher dieses zielgerichtete Triggern eigentlich kommt. Die Antwort besteht im Wesentlichen aus zwei Teilen: Erstens ist es seine Aufgabe und zweitens ist er als Teil von dir eine Art Spiegel für dich. Der erste Teil ist kurz und knapp zu erläutern, weil dieses Buch darüber bereits einiges gesagt hat. Es ist die Aufgabe deines Dualseelenpartners, dich in eurem großen Finale, beim schlussendlichen Zusammentreffen auf der Erde, dazu zu zwingen, deinen Lernprozess abzuschließen. Deswegen kann und wird er nicht lockerlassen und unentwegt an deinen wundesten Punkten rühren. Er streut unaufhörlich Salz in deine Wunden, aber eines sollte unbedingt klargestellt werden: Er tut nichts davon aus böser Absicht. Er tut es, weil er es tun muss, um dir zu helfen, dich zu vervollkommnen. Das ist ihm vielleicht gar nicht bewusst, vielleicht hat er auch eine leise Ahnung davon, was er da eigentlich tut und bewirkt, in jedem Falle liegt in all seinem Handeln niemals Boshaftigkeit. Der zweite Grund: Er ist ein Teil von dir, er ist du, er ist dein Spiegel. Und genau wie ein Spiegel wird er dir unentwegt und schonungslos deine schwächsten Punkte, deine schwersten Makel vor Augen halten. Auf einer Fotografie kann man mit einem guten Computerprogramm dein Hautbild bearbeiten, dein Spiegel wird dir jedoch trotzdem jedes Mal die kleine Narbe unterm Auge zeigen, ob du willst oder nicht. Genauso tut es deine Dualseele. Sie ist nicht in der Lage, zu kaschieren, zu übersehen oder zu beschönigen, denn sie steht in direkter Verbindung mit dir. So, wie du die Erfahrung machst, die Gefühle deines Partners zu spüren, so spürt er auch deine und damit jede kleine Unsicherheit, jeden Schmerz, jede Unvollständigkeit und vor allem jede Angst. Angst ist vielleicht das entscheidende Schlüsselwort im Dualseelenprozess, denn letztlich ist jede negative Erfahrung ein Produkt von Angst. Jede Schwierigkeit, die wir genauer unter die Lupe nehmen, führt am Ende einer manchmal langen und verworrenen Kausalkette zu irgendeiner Angst. Ein Beispiel gefällig? Nehmen wir an, du neigst dazu, in Konfliktsituationen laut zu werden und deinen Partner anzuschreien. Zweifelsohne würde man diese Neigung als korrigierenswert betrachten, man würde sagen: Da hast du etwas zu lernen. Du musst lernen, ruhiger und gelassener zu werden, warum aber Angst eine Rolle spielen sollte, ist auf den ersten Blick nicht ersichtlich. Aber warum schreist du eigentlich?

Du schreist, weil du ein Stück weit die Kontrolle verlierst, über dein Verhalten, aber vor allem über deine Gefühle. Es gibt Streit und im Verlauf des Streits bemerkst du, dass dir etwas entgleitet. Die Situation läuft nicht so, wie du es dir wünschen würdest, sonst gäbe es ja keinen Streit, und du hast Angst. Angst, dass aus dieser Situation etwas entstehen könnte, was du dir ebenfalls nicht wünschst. Angst, dass dein Partner vielleicht denkt, „Was, so sieht sie diese Sache? Das hätte ich nicht von ihr gedacht. Dann ist sie mir gleich ein Stück unsympathischer“. Du hast Angst, dass diese Offenbarung Folgen haben könnte, dass er sich überlegen könnte, ob er dich überhaupt noch so liebenswert findet wie zuvor, dass er sich überlegen könnte, ob du wirklich die richtige Partnerin bist, kurz: Du hast Angst, dass er dich verlassen könnte. Hier sind wir schon bei einer der fundamentalsten Ängste, die dich durch dein Leben treiben – du erinnerst dich an das Kapitel über Loslasser und Gefühlsklärer. Aber noch andere Ängste können mit hineinspielen. Du hast Angst davor, wenn er dich wirklich verlassen sollte, in diese elende, passive, leidende Rolle der Verlassenen zurückzufallen, all den Kummer und Schmerz einer verflossenen Liebe ertragen zu müssen und der Erfahrung hilflos ausgeliefert zu sein. Du hast Angst vor der Rolle als ohnmächtiges Opfer. Also schreist du, denn Schreien ist aktiv, mächtig und angreifend. Du schreist, um deine Rolle umzukehren, du willst nicht Opfer sein, sondern wenn, dann schon Täter. Also schreist du und wirst aggressiv, ohne überhaupt zu bemerken, dass du eigentlich Angst hast. Warum ich das so genau erkläre?

Weil Angst die vielleicht mächtigste und allgegenwärtigste Triebfeder ist und weil deine Dualseele ein instinktives Gespür genau dafür hat. Es gibt keine noch so kleine Angst, die ihm verborgen bliebe, und er spürt sie auf wie ein Suchhund. Du kannst vor ihm nichts verstecken und ganz im Gegenteil wirst du immer wieder die Erfahrung machen, dass er mit absoluter Präzision Triggerpunkte in dir findet und auslöst, gnadenlos, immer und immer wieder. All deine Ängste sind Resultate der Erfahrungen, die du gemacht hast, und dein Dualpartner wird dir diese vorhalten wie ein Spiegel. Genau das ist seine Aufgabe und genau das kann eure Begegnung vom Paradies zur Hölle werden lassen. Es hilft, dieses Wissen im Hinterkopf zu behalten, und vor allem hilft es, zu einem Detektiv der eigenen Angst zu werden. Beginne, dich bei allen Reaktionen, die du zeigst und von denen du weißt, dass du dabei noch etwas lernen musst, nach der zugrunde liegenden Angst zu fragen. Stöbere herum, bis du verstehst, welche Angst dahintersteckt, und tue dies auch, wenn dein Dual dir Schmerzen zufügt. Sage dir ganz nüchtern: Mit dieser Sache hat er mich stark verletzt. Das heißt also, hier gibt es noch etwas für mich zu lernen. Welche Aufgabe habe ich hier noch nicht erledigt? Welche Angst liegt dem zugrunde? Dieses Hinterfragen hilft auch dabei, den Dualpartner von einem beliebigen missbräuchlichen Partner zu unterscheiden. Frage dich offen, was du denn aus Erfahrungen wie etwa Demütigungen oder gar Gewalt lernen solltest. Es ist im Seelenlehrplan kein Grund dafür zu finden, warum du daran wachsen und reifen könntest. Die menschliche Seele profitiert nicht von Demütigung, denn die einzige Lehre, die sie daraus ziehen könnte, wäre Unterwürfigkeit und Selbstaufgabe und darin liegt kein Wert. Genauso kann körperliche Gewalt uns nichts lehren außer Angst und passives Ertragen – daran ist ebenfalls nichts wertvoll.

DIE DUALSEELE IN FRIEDEN ANNEHMEN

Auf dem Weg zu der Auflösung in Frieden, die du mit deiner Dualseele anstrebst, ist wichtig, die Ängste zu überwinden, von denen wir im vorigen Kapitel gesprochen haben. Sie wirklich ruhig, gelassen und in sich heil annehmen zu können, verlangt aber auch noch einen weiteren Punkt: Du wirst lernen müssen, dich mit deiner eigenen Bedürftigkeit auszusöhnen. Dies ist vielleicht eine der heikelsten Angelegenheiten, denn man muss einen ziemlichen Balanceakt vollführen, um weder auf die Seite der Täuschung noch auf die Seite der Angst hinunterzukippen. Bedürftigkeit ist ein schwieriges Wort. Zuerst drückt es nichts anderes aus, als dass man einer Sache bedarf – man braucht etwas.

Daran an sich ist schließlich nichts falsch, wir alle brauchen Dinge, Nahrung zum Beispiel, geistige Beschäftigung, Wärme. Einen abwertenden Beiklang erhält der Begriff erst im Zusammenhang mit Beziehungen, weil er hier rasch mit dem Begriff der Abhängigkeit verschmilzt. Schlüsseln wir diesen Komplex einmal auf, um genau zu sehen, an welcher Stelle in eurer Dualseelenbeziehung Bedürftigkeit ein Thema wird und was genau du damit eigentlich anfangen solltest. Die Bedürftigkeit als Abhängigkeit in einer Beziehung ist zunächst einmal Gift. Fast jeder kennt jemanden, der in einer Beziehung quasi völlig zerfließt, der seine eigene Form verliert, um sich beliebig um die Form des Partners herum zu ergießen, der sich selbst mit höchster Bereitschaft aufgibt, um für den anderen das sein zu dürfen, was dieser haben möchte, der damit nur noch mit dem anderen leben und überhaupt existieren kann, weil er selbst alle Struktur, Kraft und Gestalt aufgegeben hat. Deutlich öfter ist dieses Phänomen bei Frauen zu finden und es ist ganz offensichtlich ein Loslasser-Syndrom. Und in der eben beschriebenen Form ist es für jedes Individuum eine Katastrophe, weil es das Individuum selbst auflöst. Am Ende ist nichts mehr von ihm übrig und wenn der Partner geht, steht der Bedürftige vor dem Nichts, zu dem er sich selbst gemacht hat. Und der Partner wird irgendwann gehen, denn in einer anschmiegsamen, seelenlosen Hülle kann niemand auf Dauer etwas sehen, das ihn anzieht, reizt und in ihm Zuneigung hervorruft.

Es ist also für jede Beziehung essenziell, dass der Partner in sich selbst etwas Vollständiges ist. Und das gilt auch für dich in deiner Dualseelenbeziehung. Um in tatsächlichem Frieden mit deiner Dualseele zusammen sein zu können, musst du zuvor gelernt haben, in dir selbst vollständig zu sein. Du musst dir genügen, du musst deinen Kosmos in dir erschaffen und fähig sein, mit dir allein zu leben. Du musst vor allem und zuerst lernen, dich selbst zu lieben und vollkommen zu akzeptieren. Schließlich seid ihr zusammen eins, du bist er und er ist du – wie soll das funktionieren, wenn du dich nicht selbst liebst? Und Mangel an Selbstliebe ist eine der häufigsten Folgen karmischer Verletzungen, auch wenn sie wie die Angst nicht immer offensichtlich ist. Du kannst vielleicht unendlich Liebe geben, aber empfangen? Dich wertvoll genug fühlen, sie zu erhalten? Sie dir selbst geben?

Nicht selten schwierig. Du musst jedoch am Ende alles, was du brauchst, in dir finden lernen, erst dann bist du in der Lage, deinen Seelenpartner als deine Vervollkommnung zu erleben. Ansonsten kann er dir nie Vervollkommnung sein, sondern nur Klebstoff oder Stützmaterial. Ist dies aber nicht ein Widerspruch in sich, wenn man davon ausgeht, dass ihr beide zusammen einst eins wart? Dass ihr nur zwei Teile eines Ganzen seid? Müsste man nicht annehmen, ihr könnt einzeln gar nicht vollständig sein, euer Einzelleben könnte immer nur Mangel sein? Nein, es ist kein Widerspruch, es ist nur etwas komplizierter, als es aussieht. Ihr seid beide Teile einer Seele, die irgendwann einmal im Gleichgewicht war. Durch eure Aufspaltung hat das Gleichgewicht sich ziemlich verschoben, es haben sich zwei Pole ausgebildet: männlich – weiblich, Loslasser – Gefühlsklärer, Kopfmensch – Herzmensch, wie auch immer man diese Polarität gerne bezeichnen möchte. Um wieder ins Gleichgewicht zu gelangen, müsst ihr lernen, die jeweiligen Anteile in euch zu stärken oder zu schwächen, bis ihr euch einer gelassenen, ruhigen „Neutrallinie" annähert. Dorthin zu gelangen, ist im Prinzip das Gesamtziel all eurer Lernaufgaben und dies könnt ihr nur selbst bewältigen. Ihr bereitet euch auf diese Art und Weise darauf vor, einander wieder brauchen zu dürfen. Und die Bedürftigkeit? Sie wird immer existieren, in dem Sinne, dass ihr einander bedürft, um wieder ein Teil zu sein. Dieses Wissen an sich ist nichts, was du verlieren müsstest, und genau darin liegt die Aussöhnung damit: Du lernst, zu akzeptieren und zu wissen, dass es einen zweiten Teil von dir gibt und dass dein höchstes Ziel im Seelenplan ist, diese Wiedervereinigung zu erleben. Du lernst aber auch, davor zu einer ausgeglichenen, eigenständigen Persönlichkeit zu werden, die dadurch erst in der Lage sein kann, eine tatsächliche Vereinigung auf Augenhöhe zu erleben. Dann erst bist du bereit, deine zweite Hälfte in Frieden und Ruhe anzunehmen – nicht in Verzweiflung, Notwendigkeit und Unterwerfung.

DURCH DEN FRIEDEN IN DIE FREIHEIT: KONFLIKTE UND GEWALTFREIE KOMMUNIKATION

Schwierigkeiten wurden nun bereits ausführlich besprochen – allen voran die Schwierigkeiten in deinem Empfindungsleben. Es ging um die Schmerzen und Herausforderungen, die du erleben wirst, was jedoch noch nicht thematisiert wurde, sind die gemeinsamen Konflikte. Damit sind die konkreten Auseinandersetzungen zwischen euch gemeint, die ihr gemeinsam erlebt und gemeinsam lösen müsst. Die Herausforderung im Vergleich zu deiner „einseitigen" Klärungsarbeit liegt ganz eindeutig darin, dass du dich nicht ins stille Kämmerlein zurückziehen kannst, um mit all der Zeit und Ruhe, die du brauchst, darüber nachzusinnen. Nein, es geht um die unmittelbaren Kämpfe und Streitereien, die als besondere Herausforderung mit sich bringen, dass du jetzt und sofort reagieren musst.

All die augenblickliche Wut, Gekränktheit und Verärgerung spielen mit bei jeder Erwiderung, jedem Konter, jedem heftigen Wort. Es ist nicht anders als mit den üblichen Menschen in deinem Leben und vielleicht empfindest du auch das zunächst als enttäuschend. Sollten für mich und meinen Seelenpartner nicht andere Spielregeln gelten? In diesem Falle nicht. Ihr seid Menschen und handelt als Menschen und ihr könnt euch gegenseitig in den Wahnsinn treiben. Ihr könnt euch reizen bis aufs Blut, tief ins Mark treffen und euch erschüttern wie niemand sonst – weil ihr Seelenpartner seid. Und auch das Leid, das ihr euch damit zufügen könnt, ist mächtiger als bei jedem anderen Menschen, da ihr einander braucht wie niemanden sonst. Wie also lässt sich diese Phase am besten meistern? Eine große Hilfe kann dabei das Konzept der Gewaltfreien Kommunikation sein. Es entstammt nicht der Dualseelenlehre, sondern ist ganz im Gegenteil ein recht gut erforschtes, sozialwissenschaftlich entwickeltes

Kommunikationsmodell. Klingt zunächst nicht sonderlich aufregend, kann aber tatsächlich Wunder wirken, gerade, wenn zwei Menschen in der Hitze ihrer Leidenschaften ein ums andere Mal aneinandergeraten und es nicht an Liebe fehlt, sondern an Strategien, die aufwallenden Emotionen zu kanalisieren. Es handelt sich um Marshall B. Rosenbergs Konzept der Gewaltfreien Kommunikation (GFK). Und wer nun zurückschreckt, weil er denkt, „Oh nein, wir verprügeln uns doch nicht!", der sei beruhigt. Es geht nicht um körperliche Gewalt, sondern vielmehr um all die zahlreichen kleinen Verletzungen, Grenzüberschreitungen, Spitzen und Kränkungen, die sich in unserer Kommunikation zutragen – oft völlig, ohne dass wir es beabsichtigen. Es geht um verbale Gewalt, die wir oft gar nicht auf dem Schirm haben, obwohl sie unermesslich viel Schaden anrichten kann und meistens ganz leicht zu vermeiden wäre. Die Theorie zur Gewaltfreien Kommunikation füllt ganze Bücher und ist jedem, der mit seinen Mitmenschen gelingender sprechen und ganz einfach besser zurechtkommen möchte, sehr ans Herz zu legen. Hier kommt nun ein minimalistischer Crashkurs in der sogenannten „Giraffensprache". Rosenbergs Grundannahme war, dass alles Übel der Welt letztlich daraus resultiert, dass die Bedürfnisse von Beteiligten in der Kommunikation nicht erkannt bzw. wertgeschätzt und berücksichtigt werden. Ansonsten, so seine Überzeugung, sind Menschen grundsätzlich willens und fähig, etwas für andere zu tun, ihnen Gefallen zu tun, ihnen Freundlichkeit zu erweisen. Verhindert wird dies durch empathieloses Kommunizieren, durch Fordern und Verlangen statt Bitten und Fragen. Der Schlüssel zur gelingenden Kommunikation ist Empathie und genau das sollte einem Dualseelenpaar schließlich besonders gut möglich sein.

Um besser zu verstehen, was genau Gewaltfreie Kommunikation dann tatsächlich ist, hilft es, sich erst einmal anzusehen, was sie *nicht* ist:

moralische Urteile, ganz gleich, ob offen formuliert oder implizit ausgesprochen, Vorwürfe, Vergleiche, fehlende Verantwortungsübernahme für eigene Gefühle sowie eben Befehle und Forderungen. Was ist damit nun jeweils gemeint? Moralische Urteile nehmen die Unterteilung in Kategorien wie gut/schlecht, richtig/falsch oder lieb/böse vor und bewerten damit den anderen. Was vielen Menschen nicht bewusst ist: Es gibt einen immensen Unterschied zwischen der Bewertung einer bestimmten Handlung und der Bewertung eines ganzen Menschen. Während Erstere konstruktiv eingesetzt werden kann und auch nötig sind, führt zweitere in aller Regel zu Abwehr, Verteidigung und Gegenangriff – das Gespräch ist zum Streit geworden. Besonders destruktiv ist die Kombination mit Verallgemeinerungen, typische Aussagen sind, „Du bist echt unmöglich", „Du bist ein schlechter Verlierer", oder, „Nie hörst du mir vernünftig zu". Vergleiche als nächstes kommunikatives No-Go erklären sich von selbst.

Aussagen wie, „Manchmal denke ich, vor mir steht deine Mutter", oder, „Benimm dich doch nicht immer wie ein Lehrer", möchte niemand hören und sie sind auch nicht konstruktiv. Es sind Angriffe, die der eigenen Frustration Platz machen sollen, und damit stellen sie die eigene kurzfristige Befriedigung über das emotionale Wohlergehen des Partners. Es sind genau solche Aussagen, die noch lange nachklingen und dauerhaften Schaden anrichten können. Nützlich sind sie nie, aber die Mauern zwischen zwei Menschen werden durch sie umso höher. Das Leugnen der eigenen Verantwortung hingegen ist etwas kniffliger, denn es tarnt sich gut im Gewand der offensichtlich korrekten Schuldzuweisung. Man sagt dann Dinge wie, „Wegen dir hab ich heute Nacht kein Auge zugetan", oder, „Du machst mich traurig und wütend". Auf den ersten Blick können solche Zuschreibungen logisch erscheinen, rücksichtsloses Verhalten etwa kann einen verletzen und als Konsequenz daraus fühlt man sich schlecht. Was man damit überspringt: die Ebene der eigenen Verantwortung. Und die ist den meisten Menschen kaum bewusst und zudem unangenehm, besagt sie doch Folgendes: Wenn du dich schlecht fühlst, ist es am Ende deine Verantwortung. Der andere kann nicht machen, dass du dich schlecht fühlst. Er kann keinen Hebel in dir umlegen und dich bedienen wie eine Maschine und *machen*, dass du dich schlecht fühlst. Diese Macht hat er nicht, am Ende trägst du selbst als einziger die Verantwortung über deine Empfindungen – übrigens eine sehr wichtige Lektion im Seelenlehrplan der allermeisten Menschen. Bleibt noch das Problem von Forderungen und Befehlen. Sie unterscheiden sich von Bitten im Hinblick auf die Konsequenzen der Nichtbefolgung. Wenn ich eine Forderung stelle, ist damit implizit, dass es eine Strafe gibt, wenn die Forderung nicht erfüllt wird. Diese kann ausdrücklich formuliert werden oder sie erfolgt subtil in Form von bösen Blicken, vorwurfsvollem Schweigen, Liebesentzug etc. Eine Bitte hingegen ist offen formuliert und schließt die Möglichkeit ein, dass der andere ablehnt. Das muss hingenommen werden und eröffnet dem Partner die Möglichkeit, frei und ehrlich zu agieren. Die Nachteile eines Befehls liegen auf der Hand: Handlungen entstehen unter Zwang und nicht aus freien Stücken, sie hinterlassen einen unangenehmen Nachgeschmack und tragen dazu bei, Machtgefälle und bereits bestehende Kränkungen zu intensivieren.

Nun wissen wir also, wie wir es nicht machen sollen, aber was ist nun richtig? Rosenberg bietet hierfür ein Vier-Punkte-Programm an, dass zunächst etwas hölzern klingt, bei näherer Betrachtung jedoch leicht in etwas Lebensnahes und äußerst Nützliches verwandelt werden kann. Die vier Schritte lassen sich zusammenfassen mit Beobachtung – Gefühl – Bedürfnis – Bitte und als Sprachformel lässt sich zusammenfassend anbieten: Wenn ich (...) wahrnehme, fühle ich mich (...), und zwar aus dem Grund, dass mir (...) wichtig ist. Also bitte ich dich um (...). Ein Beispiel kann diesen abstrakten Vorschlag verdeutlichen. Stellen wir uns einmal eine Frau vor, die sich darüber ärgert, dass ihr Mann wiederholt deutlich später als verabredet nach Hause kommt. Die oft übliche Reaktion sind Vorhaltungen oder gar Beschimpfungen: „Ständig kommst du zu spät, ich hab es langsam wirklich satt, da kann ich ja auch gleich ausziehen. Du bist einfach egoistisch und es ist dir völlig egal, wie es mir geht“. Auf diesen Vorwurf kann der Mann kaum etwas Konstruktives erwidern, ganz im Gegenteil sagt er vielleicht Dinge wie, „Stell dich doch nicht so an wegen der paar Minuten, ich muss eben arbeiten, du willst ja schließlich auch, dass ich Geld für dich nach Hause bringe“, und zack – sind wir mittendrin im schönsten Ehekrach inklusive weiterer Vorwürfe, impliziter Anklagen, Drohungen, wechselseitiger Beschuldigungen. Aber es geht auch anders, und zwar sähe die Gewaltfreie Kommunikation zum Beispiel folgendes Muster vor: „Du bist gerade erst nach Hause gekommen und es ist 20.30 h. Vorhin hattest du versprochen, um 19.30 h daheim zu sein. Wenn du dich so verspätest, bin ich enttäuscht und traurig, weil ich den Eindruck habe, ich bin dir nicht wichtig, meine Gefühle und meine Gesellschaft zählen dir nichts. Ich bitte dich darum, dass du dich in Zukunft an die Zeit hältst, die du mir versprichst, und falls nötig, eben gleich eine spätere Ankunftszeit nennst. Können wir uns darauf einigen, das künftig so zu regeln?“.

Zugegeben – das klingt zunächst ein wenig künstlich und auch so, als könnte ein normaler Mensch diese Beherrschung kaum aufbringen. Aber mit ein wenig Übung und vor allem Gewöhnung an den Gedanken lässt sich ein solches Kommunikationsmuster sehr wohl in den Alltagsgebrauch überführen. Der Schlüssel dazu ist der Wille, nicht mehr durch unüberlegtes, unbeherrschtes Reagieren oder Agieren Schaden anzurichten, der nur schwer oder gar nicht wiedergutzumachen ist. Als Einstiegsübung

können, eine Wiederholung der Situation künftig zu vermeiden? Nun kannst du dich noch einem 6. Bonuspunkt widmen: Frage dich, was mit dieser korrigierten Reaktion nun anders wäre. Male dir genau aus, wie ihr beide euch jeweils nach der impulsiven Reaktion gefühlt habt und was im zweiten Fall geschehen würde. Die Vorteile liegen auf der Hand: Du hast klar beschrieben, was vorgefallen ist, der andere kann daran nichts rütteln oder relativieren. Du hast keine Vorwürfe gemacht, gegen die er sich zur Wehr setzen müsste – ganz gleich, ob sie gerechtfertigt sein mögen oder nicht. Du hast ihm konkret gesagt, was du brauchst, und ihn darum gebeten. Du hast ihm aber auch die Möglichkeit angeboten, sich zu erklären, falls er bei seinem Verhalten bleiben möchte. Und das Wichtigste: Du hast keine emotionalen Brücken eingerissen. Du hast ihn nicht angegriffen oder beleidigt, du bist respektvoll geblieben. Du kannst dir selbst ins Gesicht sehen und sagen, „Ja, ich bin all meinen moralischen Überzeugungen treu geblieben. Ich habe mich nicht hinreißen lassen, ich habe die Beherrschung behalten, ich habe die Vernunft gewahrt. Ich kann und muss mir nichts vorwerfen“. Und dein Gegenüber? Dieser kommt vermutlich nicht umhin, dir zumindest innerlich Respekt zu zollen für dein überlegtes, anständiges Handeln.

Diese ganz grundsätzliche Form, mit Menschen zu sprechen und umzugehen, kann eine immense Änderung in zwischenmenschlichen Beziehungen bewirken. Der Sprengstoff wird herausgenommen, die verbalen Waffen werden entschärft und dies kommt jedem kommunikativen Umfeld zugute. Ganz besondere Bedeutung kann es aber natürlich in einer so innigen und intensiven Beziehung wie der zwischen dir und deiner Dualseele haben. Es ist ein mächtiges Instrument auf dem letzten Teil eures Seelenlernwegs und definitiv die Mühen des Versuchs wert. Probiere es einfach einmal aus, du wirst verblüfft sein von der besänftigenden Wirkung.

ICH VERGEBE DIR – VERZEIHEN-ÜBUNGEN ALS WEG IN DIE FREIHEIT

Die Gewaltfreie Kommunikation soll Verletzungen vermeiden, aber der Mensch ist nun einmal nicht unfehlbar. Es ist zwischen dir und deinem Seelenpartner gewiss schon zu einigen Vorfällen gekommen, die in eurer beider Gedächtnis eingespeichert sind und die in den Gefühlen wühlen. Manche Wunden heilen mit der Zeit, manche Dinge lassen sich klären, aber in einigen Fällen ist nichts davon möglich. Es gibt Vorfälle, die so schmerzhaft sind, dass sie nicht relativiert werden können und die ein so eindeutiges Fehlverhalten des Partners sind, dass sie nicht erklärt werden können. Und wenn sie einmal stattgefunden haben, dann haben sie stattgefunden. Und was bleibt dann noch, wenn beide ratlos vor dem großen Fehler stehen, wissend, dass er gemacht wurde und dass er nicht umkehrbar ist? An dieser Stelle bleibt nur eines: Verzeihen. Ein gewaltiges Wort, dessen wahre Dimensionen wir meist gar nicht mehr begreifen, weil wir recht oberflächlich und vage mit dem Verzeihen umgehen, aber tatsächlich liegt darin eine ungeheure Macht. Wahres Verzeihen-Können ist eine Gewalt, die niemand zu brechen vermag, und es schafft eine Freiheit, die keiner begrenzen kann. Verzeihen verleiht völlige Unabhängigkeit, denn es geschieht nur in einem selbst und aus einem selbst heraus. Man gestattet sich selbst, die Fesseln der Kränkung, der Rachsucht, der Verletztheit fallen zu lassen und zu sagen, „Davon lasse ich mich nicht mehr quälen. Ich bin frei. Ich vergebe dir, du schuldest mir nichts mehr und damit schenke ich mir Frieden“. Was aber ist nun dieses Verzeihen, wenn es wirklich stattfindet? Ganz sicher ist es nicht der alberne Reigen aus mehr oder wenig aufrichtiger Entschuldigung und deren pflichtschuldiger Annahme. Das ist nicht Verzeihen, sondern Akzeptieren. Wenn Verzeihen den Frieden bringt, bringt eine solche Entschuldigung vielleicht den Waffenstillstand, dieser reicht aber für eine Dualseelenbeziehung ganz sicher nicht aus. Es braucht wirkliches Verzeihen, um jede Schuld zu tilgen, und der Verzeihende muss dafür aus freien Stücken jeden Anspruch auf das Ausüben von Gerechtigkeit aufgeben. Wer in einer Beziehung verzeiht, der tut allen etwas Gutes: Er gibt sich selbst Freiheit, Gelassenheit, Entspannung, die Möglichkeit, uneingeschränkt zu genießen und zu empfinden, und er erspart sich Anspannung, Stress und nagende Gefühle. Und er gibt der Beziehung Raum, um sich zu entfalten, zu atmen und sich aufzubauen, wo sonst Verbitterung und stumme Vorwürfe jedes Fortschreiten behindern können. Denn nichts anderes bedeutet Nicht-Verzeihen: Wir schleppen auf ewig den schweren, bedrückenden Rucksack aus Schulden, Hass, Verbitterung und Ohnmacht mit uns herum – dabei gibt es keinen Grund, diesen nicht einfach in die nächste Schlucht zu werfen, um unsere Wanderung frei und unbeschwert fortzusetzen. Nur ist das leichter gesagt als getan. Wir sind auf Gerechtigkeit und Fairness programmiert, kaum etwas widerstrebt uns so sehr, wie freiwillig einen berechtigten Anspruch aufzugeben. Aber zum Glück gibt es auch hier Übungen, die uns dabei hilfreich sein können. Zunächst hilft es, wenn du die Übungen nicht gerade mit dem Menschen beginnst, der dir im Moment das Leben schwer macht.

Nimm dir Zeit, Ruhe und erneut Zettel und Stift zur Hand. Dann erstellst du eine Liste mit all den Vorteilen des Verzeihens, die dir einfallen. Einige habe ich schon erwähnt, aber dir fallen sicher noch eine Menge andere Gründe ein, aus denen du deinen Groll loslassen solltest. Gehe deine eigenen Gefühle angesichts unverziehener Dinge durch und lausche aufmerksam in dich hinein, was diese eigentlich anrichten. Was brächte es dir Gutes, diese Gefühle einfach gehen zu lassen? Vielleicht mehr Spaß und Genuss beim nächsten Familientreffen? Vielleicht fällt das Gefühl der

Anspannung weg, wenn du einkaufen gehst, da du immer diese eine Person treffen könntest? Vielleicht hast du eher wieder Lust, in den Sport zu gehen, obwohl da dieser Mensch trainiert, der die Wut in dir hochtreibt? Die Vorteile können auch viel allgemeiner sein: Du weißt, dass du entspannter wärst, mehr an andere Dinge denken könntest, dir öfter zum Lachen zumute wäre?

Fühle dich richtig ein in das jeweilige verbesserte Gefühl, das du haben könntest, nimm richtig wahr, was es verändern könnte und wie du es genießen würdest. Anschließend erstellst du eine Liste mit allen Menschen, die dir einfallen, gegen die du Groll hegst. Es ist dabei völlig unerheblich, ob dieser berechtigt ist oder nicht, und es spielt auch keine Rolle, ob es um Kleinigkeiten geht oder um gewichtige Vorfälle, es geht nur um deine Wahrnehmung. Du kannst dir auch überlegen, ob du dich selbst mit auf die Liste setzen möchtest oder ob du dafür eine extra Übung einlegen möchtest. Letztlich wirst du darum nicht herumkommen, du selbst bist die Person, der du am dringendsten verzeihen musst und bei der es dir wahrscheinlich am schwersten fallen wird. Jetzt ziehst du dich in einen anderen Raum zurück, um auch rein äußerlich eine Veränderung zu vollziehen, und sorgst dort für Ruhe und Ungestörtheit. Gehe dann die Liste durch und rufe dir jeden der aufgeführten Menschen vor Augen. Stell ihn dir ganz deutlich vor, betrachte sein Gesicht, nimm wahr, wie du ihn wahrnimmst, und dann sagst du zu ihm, „Ich verzeihe dir. Ich verzeihe dir vollkommen und lasse dich und alle Wut dir gegenüber los. Von nun an hege ich keine negativen Empfindungen mehr dir gegenüber. Ich lasse dich frei und ich lasse mich frei". Lasse dir für diesen Schritt Zeit. Warte, bis du wirklich das Gefühl der Erleichterung und Befreiung spürst, bis du auch auf körperlicher Ebene empfindest, wie eine Last von dir weicht. Lasse das Bild desjenigen, dem du soeben verziehen hast, davontreiben, lasse ihn los und lasse all die Gefühle, die dich auf negative Art mit ihm verbunden haben, davontreiben wie ein Blatt in einem Bach. Zu Beginn wirst du vielleicht Schwierigkeiten haben, diese neue Wutlosigkeit aufrechtzuerhalten, aber letztlich ist diese Geisteshaltung eine Frage der Gewöhnung und Übung. Schließlich kannst du diese Übung auch leicht abgewandelt in deinen Alltag überführen. Mache dir ein abendliches Ritual zur Gewohnheit, indem du dich vor dem Schlafengehen fragst, ob du im Laufe des vergangenen Tages jemandem gegenüber Groll aufgebaut hast. Falls ja, lasse auch diese Wut gehen und verzeihe. So kann sie sich gar nicht erst einnisten und aufbauen, um künftig deine Gedanken zu vergiften.

Wenn du diese Verzeihen-Übungen regelmäßig durchführst, wirst du vor allem eines erkennen: Es liegt eine ungeheure Macht und Freiheit in dieser Entscheidung. Du selbst hast in dir die Kraft, Fesseln zu lösen und Lasten abzuwerfen, und zu wirst lernen, dieses Gefühl zu genießen. Irgendwann bist du dann bereit, es auch an demjenigen anzuwenden, der dich am meisten verletzt: an deiner Dualseele. Erst dadurch machst du euch beiden den Weg frei, wirklich zusammen sein zu können. Dann muss nur noch dein Partner an sich selbst und seinen Verletzungen arbeiten, du bist geklärt und ruhig und wartest geduldig darauf, dass auch er so weit ist, sich ohne Ballast und Kummer in eure unendliche Umarmung zu flüchten.

SCHATTENSEITEN TRANSFORMIEREN: DAS SCHATTENKIND IN DIR IN DIE ARME SCHLIEßEN

Bis du und deine Dualseele sich tatsächlich für immer vereinigen können, muss eine Menge passieren. Verzeihen, alte Verletzungen identifizieren und heilen und dabei allerhand an Lektionen lernen – und eine ganz besonders wichtige Lektion ist bislang noch nicht zur Sprache gekommen. Sie ist verwandt mit dem Selbstverzeihen, dessen Ziel es ja schließlich ist, mit sich selbst in harmonischer, annehmender Beziehung zu stehen. Dir selbst musst du Fehler verzeihen, die du gemacht hast, oder zumindest vermeintliche Fehler, und dann gibt es noch etwas in dir, das nicht zu verzeihen ist. Schuld, Fehler oder Vergebung sind hier keine Kategorien, es geht vielmehr um etwas, das einfach ist, das ist und bleibt: deine Schattenseiten. Du hast sie so, wie jeder sie hat, und es steht fest, dass du sie niemals loswerden wirst. Du bist wie alles im Kosmos Licht und Schatten, du hast helle und dunkle Flecken, du bist Yin und Yang, du bist männlich und weiblich. Deine Schattenseiten sind nun die Aspekte an dir, die du nicht magst, die dich stören, die du für verwerflich hältst und die dir das Leben schwer machen. Was also ist nun anzufangen mit diesen Aspekten in dir?

Mit der Frage hat sich einer der bekanntesten Psychiater der Geschichte beschäftigt, Carl Gustav Jung, und er stellt fest: „Der Schatten ist alles das, was du auch bist, aber auf keinen Fall sein willst“. Er ist das Gegenteil der Persona, wie er die Maske bezeichnet, mit der jeder Mensch durch sein alltägliches Leben läuft. Die Schatten entstehen aus Aspekten, die wir nicht an uns akzeptieren können, und zwar aus zwei Gründen: Entweder, weil sie etwas verkörpern, das die Gesellschaft oder gar die Menschheit nicht akzeptieren würde, oder, weil sie Ausdruck von etwas sind, das wir selbst nicht akzeptieren können. Die Schatten sind aber dennoch ein Teil von uns und werden meistens zu großen Teilen ins Unbewusste abgeschoben. Je nach Ausprägung können sie uns von dort einige Dinge erschweren oder wirklichen Schaden anrichten, zum Beispiel werden Neurosen oder Zwangserkrankungen mit solchen unterdrückten Persönlichkeitsanteilen in Verbindung gebracht. Entstanden sind sie oft bereits in der Kindheit, wenn wir noch ein Leben in völliger Abhängigkeit von Bezugspersonen – allen voran Eltern – führen und auf deren Wohlwollen und Anerkennung bedingungslos angewiesen sind.

Sie haben nicht selten mit schambehafteten Themenkomplexen zu tun, ein häufiges Aspektfeld sind Dinge, die mit Sexualität zu tun haben. Aber letztlich kann nahezu alles zu unserem Schatten werden, was in uns liegt und Ablehnung erfahren hat. Grob unterteilen kann man diese Schatten in solche, die tatsächlich auf eine Art Schatten bleiben müssen und solche, die vielleicht ein Stück weit gelebt werden können. Mit beiden müssen wir jedoch letztlich in Einklang kommen, um uns von ihnen ungehindert zu entfalten. Die ersten Schattenseiten verstoßen gegen das, was die Gesellschaft hinzunehmen bereit ist. Ein typisches Beispiel wären Gewaltfantasien oder -neigungen. Es ist nicht möglich, zu sagen, „Dieser Anteil meiner Persönlichkeit ist unterdrückt, ich muss ihn ausleben, um mich zu befreien". Anderen Menschen körperliche Schäden zuzufügen, ist nicht akzeptabel und wenn unser Schatten ein gewaltgeneigter ist, wird er ungelebt bleiben müssen. Es gibt jedoch Schatten, die wir hauptsächlich selbst in die Finsternis verbannt haben. Das können etwa Ängste sein, Schwächen oder sexuelle Vorlieben, für die wir uns schämen und die wir deshalb unterdrücken. Hier kann es hilfreich und befreiend sein, diese Aspekte an die Oberfläche zu holen – sei es, um sie in eine Lichtseite zu transformieren und in unser Leben zu integrieren, oder, um uns mit ihnen auseinanderzusetzen, sodass wir sie verstehen und in unser persönliches

Wertesystem sinnvoll einordnen können. Grundsätzlich gilt: Je weniger du in Kontakt mit deinem Schatten bist und je weniger du dir seiner Eigenschaften bewusst bist, desto weiter bist du entfernt von der Ausgeglichenheit in dir selbst. Und hier schließt sich erneut der Kreis zum Dualseelenprozess: Ihr beide könnt euch schließlich erst wirklich vereinigen, wenn ihr alles geklärt habt, was ihr jeweils eigenständig zu klären habt.

Deine Schattenseiten spielen hier eine große Rolle und gleichzeitig spielt dein Dualseelenpartner eine große Rolle dabei, dich mit deinen Schatten vertraut zu machen, denn schließlich ist er es, der dich spiegelt. Und nichts brauchst du so sehr, wie einen schonungslosen Spiegel, wenn du dich mit den Teilen von dir beschäftigst, die du so sehr ablehnst, dass du sie manchmal gar nicht denken kannst. Dein Partner hält dir nun diesen Spiegel vor, als eine der größten Aufgaben, die euch noch bevorstehen, und damit bekommst du die Möglichkeit, deine Schattenseiten zu erkennen, zu akzeptieren, zu integrieren, zu transformieren und womöglich sogar aufzulösen. Doch der Weg dahin ist weit und nicht gerade leicht zu gehen, allerdings gibt es auch hier Übungen, die dich an der Hand nehmen und dir helfen, den richtigen Pfad zu finden. Mit ihnen kannst du zuerst einmal deine Schatten aufspüren, um dich dann mit ihnen auseinanderzusetzen und schließlich herauszufinden, was du eigentlich mit ihnen tun solltest. Nimm dir als Erstes wieder einmal Zettel und Stift zur Hand. Außerdem solltest du für Ruhe sorgen, und zwar für tatsächliche Ruhe. Versuche nicht, dich damit zu beschäftigen, wenn du aufgewühlt, frustriert, enttäuscht oder in einem sonstigen akuten Ungleichgewicht bist, sondern bemühe dich um eine möglichst friedliche, neutrale Ausgangssituation. Dann gehst du in dich und erstellst eine Liste mit all deinen schlechten Seiten. Schreibe auf, was dir den Alltag erschwert, was dir in die Quere kommt, worüber Kollegen sich vielleicht beklagen, was Freunde über dich sagen würden.

Wenn du damit fertig bist, nimmst du den Zettel, zerknüllst ihn und wirfst ihn weg. Ganz ernsthaft. Warum? Auf dieser Liste steht aller Wahrscheinlichkeit nach nichts von tatsächlicher Bedeutung. Da finden sich vermutlich Dinge wie, „Ich bin so unorganisiert", „Meistens bin ich abends zu faul, um mich zum Sport aufzuraffen, und liege stattdessen lieber bei Netflix auf dem Sofa", „Ich schiebe unangenehme Aufgaben gerne auf", „Ich komme ständig zu spät" oder „Ich esse ungesund und nasche zu viel" – all die „Fehler", die wir etwa auf Datingportalen anführen, wenn nach unseren Schwächen gefragt wird und für die wir uns nicht einmal wirklich schämen. An denen können wir nichts lernen, hierin liegt keine Herausforderung. Dazu müssen wir da hin, wo es wehtut. Und dafür haben wir nun die nächste Liste. Die Erste war trotzdem wichtig, denn sie zeigt uns bereits, welches Bild wir gerne von uns geben möchten und an welchen fransigen Rändern, die gen Dunkelheit flattern, wir umso eifriger festhalten, um nur ja nichts entgleiten zu lassen. Auf die zweite Liste gehört nun, was wirklich an uns frisst. Und das wird sich nicht einfach so schnell sammeln und niederschreiben lassen.

Es ist gut möglich, dass du die Übung unterbrechen und zu einem anderen Zeitpunkt fortsetzen musst, vielleicht zieht sich die Erstellung über Tage hin – das ist ein deutliches Zeichen dafür, dass hier wirklich etwas passiert. Vermutlich wirst du es schwer finden, damit überhaupt anzufangen. Es hilft, sich die Situation erneut explizit als Übung vorzustellen, um ein wenig Distanz zu gewinnen. Und dann hilft es, sich an einem Gefühl entlang zu hangeln: Scham. Kaum eine andere Emotion ist so unmittelbar und intensiv mit unseren Schattenseiten verknüpft wie die Scham. Durchforste also nun dein Leben auf der Suche nach Situationen, in denen du dich geschämt hast. Nicht die Kleinigkeiten, etwa „Ups, mir ist ein Knopf von der Bluse abgerissen, peinlich im Vorstellungsgespräch", sondern die Situationen, in denen du dich wirklich gedemütigt gefühlt hast, die dir die Hitze ins Gesicht haben steigen lassen und dich mit einer Welle nahezu unerträglicher Empfinden geflutet haben, die dich fast umgerissen haben, weil du das Gefühl hattest, diese entsetzliche Beschämung nicht auszuhalten. Ein Tipp: Viele dieser Begebenheiten liegen schon lange zurück, ganz einfach, weil man als Kind oder junger Mensch diese Schamgrenzen noch nicht gut kannte und ihre Linien erst nach demütigenden Erfahrungen gezogen hat. Und je schambehafteter eine solche Erfahrung war, desto sorgfältiger und zwanghafter hat man natürlich künftig eine Wiederholung vermieden. Scham ist nun also ein guter Wegweiser zu deinen Schattenseiten, denn: Du schämst dich für die Dinge, von denen du weißt, dass sie tief in dir verankert sind. Und damit bist du deinem Schatten direkt auf der Spur.

Zweiter Tipp: Die Erinnerungen, die so unangenehm sind, dass du dich fast auf einer körperlichen Ebene dagegen wehren möchtest, sind die richtigen, die, die dich wirklich überfordern, die du nicht gleich abgeklärt irgendwo einordnen und erklären kannst. Wenn du diese Schamsituationen dann identifiziert hast, schaue sie dir genau an. Gnadenlos. Lasse deine Gedanken herumwühlen in der Erinnerung und jedes Mal, wenn du an einen Punkt kommst, an dem zu zusammenzuckst, frage dich sofort: Warum? Welcher Sache bin ich hier auf der Spur? Gehe nüchtern vor wie ein Forscher, steigere dich nicht in das wiederhervorgerufene Gefühl hinein. Frage dich, was der Grund für deine Scham ist. Was steckt dahinter? Welcher Gedanke, welche Assoziation stößt dich daran ab? Zu welchem Schluss kommst du dadurch? Was muss irgendwo tief in deiner Person vergraben liegen, das diese Gefühle auslösen kann?

Um die Schatten zu identifizieren, gibt es noch zwei weitere einfache Übungen. Besinne dich auf Situationen, in denen irgendetwas in dir „kippt". Wenn du zum Beispiel sonst sanftmütig, eher still, harmoniebedürftig und scheu bist, wenn du eher zurücksteckst als dich durchzusetzen

– welche Situationen sorgen dafür, dass du dich völlig vergisst und anfängst, zu schreien? Meist bist du hier auf einen Schattenaspekt gestoßen, denn die Konfrontation mit unseren Schatten hat großes Potenzial, unsere Beherrschung zu zerstören und unsere Verhaltensmuster zu durchbrechen. Der Vorfall an sich muss nicht unbedingt etwas damit zu tun haben, aber offensichtlich liegt etwas in der Situation, das deinen Schatten triggert. Nach dem gleichen Prinzip funktioniert die nächste Übung: Überlege, welche Menschen dich entweder ganz besonders reizen, stören und in den Wahnsinn treiben oder welche du ausgeprägt bewunderst. In beiden Fällen ist es gut möglich, dass in ihrer Person etwas liegt, was mit deinen Schatten zu tun hat. Es macht dich verrückt, im Verhalten des anderen an etwas in dir erinnert zu werden, das du nicht erträgst. Und genauso verehrst du manche Menschen geradezu dafür, dass sie etwas leben, das auch in dir existiert, aber auf die Schattenseite verbannt wurde. Schaue in solchen Fällen genauer hin und finde heraus, um welche Punkte es geht. Nicht selten ist vor allem der erste Fall deine Dualseele – du weißt, warum: Sie ist dein Spiegel, sie ist du in seitenverkehrt, du wirst in ihr alles finden, was du in dir verabscheust. Wenn du all diese Übungen erfolgreich durchgeführt hast, sind deine Schattenseiten identifiziert. Jetzt geht es darum, mit diesen zu arbeiten. Im Idealfall liegt deine Seele nun nackt, wehrlos und entblößt vor dir, also gehe behutsam und liebevoll mit ihr um. Auf keinen Fall ist dies der Zeitpunkt für Vorwürfe oder Bewertungen.

Schaue so lange auf deine Schatten, bis du es schaffst, sie einfach nüchtern wahrzunehmen, bis du sagen kannst, „Ja, da liegt diese Sache vor mir, die ich entsetzlich finde. Ich nehme einfach nur wahr, dass sie da ist, dass es sie gibt, dass sie in mir ist. Es ist eine Tatsache, nicht mehr und nicht weniger“. Atme tief, ruhig und gleichmäßig und lasse dich nicht in das Gefühl der Schattenseiten hineinziehen. Was manche Menschen als hilfreich empfinden: sich vor einen Spiegel stellen und sich die gefürchtete

Wahrheit ins Gesicht zu sagen. Immer wieder. Nicht beschönigt, einfach gerade heraus. Oft ist das am Anfang kaum möglich. Du wirst erfahren, wie sich dein Körper ganz konkret sträubt, diesen Befehl auszuführen, obwohl es doch „nur" Worte sind. Wenn du dich überwunden hast, kannst du diese empfundene Bedrohlichkeit entschärfen. Wenn du dann an dem Punkt bist, dass du den Schatten ins Gesicht blicken kannst, frage dich, was du mit ihnen anfangen kannst. Sind sie wirklich alle unerträglich und verwerflich, sind sie so schrecklich, wie du annahmst?

Laut Jung lassen sich nicht wenige Schattenanteile auflösen in eigentlich ganz natürliche Reaktionen, in menschliche Instinkte, in Wahrnehmungen, die die Wirklichkeit deutlicher abbilden als die, die wir uns zurechtgelegt haben, oder sogar in schöpferisch-kreative Ansätze. Denke darüber nach, wie du diese zurück in dein Leben holen kannst. Ein Beispiel kann diese Art der Überwindung verdeutlichen. Nehmen wir an, jemandes Schatten liegt in ungelebten, vielleicht sogar unbewussten homosexuellen Neigungen. Es existiert eine panische Angst davor, falsch zu sein, krank zu sein und womöglich sein ganzes Leben, wie man es kannte, zu verlieren. Allerdings: Eine verblüffend hohe Zahl an Menschen fühlt sich im Laufe ihres Lebens einmal oder sogar mehrmals zu Personen des gleichen Geschlechts hingezogen. Es ist ein in der menschlichen Natur nicht ungewöhnlicher Impuls und bedeutet längst nicht, dass man alles hinwerfen und Familie und Frau verlassen muss. Sich dieser Tendenz bewusst zu werden und sie als das wahrzunehmen, was sie ist, kann somit nicht nur ein ungeheurer Befreiungsschlag sein, sondern noch mehr mit sich bringen: Was bedeutet denn diese Neigung? Welches Interesse, welche Sehnsucht drückt sie aus und was kann ich daraus vielleicht schöpfen? Möglicherweise steckt darin ein ganzer Kosmos aus Kreativität und Empfindungsreichtum, der mir viele Bereiche meines Lebens gewinnbringender und glückseliger zu gestalten erlaubt? Auf diese Art wäre ein Schatten integriert und sogar transformiert – er wurde verwandelt von einem Schatten zum Gegenteil, er wurde zu Licht. Andere Schatten verschaffen nicht gleich neue Freiheiten, sie sind und bleiben einfach nur Eigenarten, die man lieber nicht hätte. Doch auch hier hilft die neutrale, annehmende Haltung: Ich bin so und das ist in mir.

Es gibt daran nichts zu rütteln, ich trage daran keine Schuld und deswegen akzeptiere ich es als Realität – so, wie meine Haarfarbe und die Form meiner großen Zehen. Dem gegenüber stehen die bereits erwähnten nicht lebbaren Schatten. Ein konkretes Beispiel wären Gewaltfantasien oder -gelüste. Schaue dir auch diese ganz genau vor dem Hintergrund der Frage nach ihrer Nützlichkeit an. Vielleicht überrascht dich, dass sie nützlich sein könnten, denn schließlich müssen sie ungelebt bleiben, aber auch ungelebt können sie lehrreich sein. Frage dich, was dieser Schatten denn wirklich tut und bewirkt. Wann versucht er, sich Bahn zu brechen, wann kommt er bedrohlich nah an die Oberfläche? Geschieht es in Situationen, die dich überfordern? Kommt der Schatten, wenn du stark unter Druck stehst, wenn du keinen Ausweg siehst, wenn du Stress erlebst, wenn du Emotionen hast, mit denen du nicht umgehen kannst?

Dann kann dein Schatten dir vielleicht als eine Art Warner dienen. Er ist gewissermaßen das rote Licht, das aufblinkt und dir sagt, „Stopp! Das hier ist zu viel für dich, auch wenn du es selbst gerade nicht wahrnimmst". Versuche, den Wert des Schattens für dich auf diese Art zu betrachten und zu sagen, „Ja, meine Gelüste, dem nächsten die Faust ins Gesicht zu schlagen, müssen für immer in meiner Gedankenwelt bleiben, aber das ist in Ordnung, das liegt in mir. Ich werde künftig versuchen, diesen Wunsch als mein Warnsignal zu nehmen". Wer in der Lage ist, mit seinen Schatten auf diese Art zu verfahren, der hat ihnen einen großen Teil ihrer zerstörerischen Macht genommen. Er kann lernen, mit ihnen zu leben, ohne sich von ihnen quälen zu lassen – und manche verschwinden irgendwann einfach wie von selbst. Ihre Macht ist gebrochen, ans Licht gebracht taugen sie nicht einmal mehr zum Spukbild in der seelischen Geisterbahn, sie verblassen und sind irgendwann einfach weg. Nachdem du dich deinen Schatten auf diese emotionslose Art gegenübergestellt hast, steht dir der Weg offen, noch einen Schritt weiterzugehen: Nimm sie an. Nimm sie als einen Teil von dir an und nimm damit letztlich dich an. Wirkliche und wahrhaftige Selbstliebe kommt ohne diesen Schritt nicht aus und du weißt, dass diese unverzichtbar ist, wenn du mit deiner Dualseele in Frieden kommen willst. Ihr beide seid eins, alles in euch muss Liebe finden. Du kannst dir bei diesem Schritt helfen, indem du ähnlich vorgehst wie bei der Verzeihen-Übung. Sage dir selbst, dass du dir diesen Schatten vergibst, dass du keine Schuld dafür empfindest, ihn zu haben, dass du ihn annimmst und liebst, als Teil von dir. Stelle ihn dir als Kind vor, als unglückliches, scheues, geplagtes Kind, das in hilfloser Angst durch die Welt stolpert, auf der verzweifelten Suche nach Liebe, die keine Bedingungen stellt und keine Grenzen kennt. Stelle dir dich selbst als dieses Kind vor, das du warst und in Teilen noch immer bist, und gib diesem Kind all die Liebe, die es benötigt, die es braucht, um Wärme zu empfinden, Geborgenheit, Zuflucht und Sicherheit – gib dir heute diese Gefühle, die du vielleicht früher gebraucht hättest, in all den Situationen, die deine Schatten haben wachsen lassen.

Diese endgültige Aussöhnung mit deinem Schattenkind hat eine unvorstellbare Kraft, die den Schlüssel zu Freiheit, Ausgeglichenheit, Vollkommenheit und Lebensfreude darstellen kann, welche du noch nie gekannt hast. Am Ende dieses Kapitels darf ein Hinweis nicht unterbleiben: Es ist normal und zu erwarten, dass die Auseinandersetzung mit diesen Anteilen deiner Persönlichkeit aufwühlend und unangenehm ist. Und abhängig von den gemachten Erfahrungen, der Persönlichkeit und dem

Traumatisierungsgrad kann es passieren, dass diese Auseinandersetzung überfordert. Vieles davon steht in engem Zusammenhang mit weiten Teilen der Psychologie und Psychiatrie, etwa Neurosen, Psychosen, Angststörungen und Traumaerfahrungen. Wenn du bemerkst, dass du auf unerwartet heftige Reaktionen in dir stößt, wenn du das Gefühl hast, überfordert zu sein und die Emotionen und ihre Folgen nicht verarbeiten zu können, dann zögere nicht, dir professionelle Hilfe zu holen. Es ist deine Verantwortung, gut für dich zu sorgen – und übrigens nicht die deiner Dualseele.

Wenn die Seele tanzt

Von den Schwierigkeiten, deinen Aufgaben und auch den wunderbaren Gaben einer Dualseelenverbindung hast du nun schon einiges gehört. Es ist durchaus sinnvoll, sich der Thematik von dieser Seite aus anzunähern, denn aus dieser Richtung kommen die meisten Menschen zur Dualseelenfrage: Sie erleben etwas, das damit zu tun hat, und wenn die Schwierigkeiten zu groß werden, dann suchen sie Rat und Wissen. Deshalb ist es wichtig, all das bisher Gesagte auch einzubetten in eine umfassende Theorie, und zwar in die Lehre von den einzelnen Entwicklungsstufen im Dualseelenprozess.

IN ACHT SCHRITTEN ZUM GLÜCK: DIE ENTWICKLUNGSSTUFEN IM DUALSEELENPROZESS

Jetzt, da du schon viel darüber herausgefunden hast, was du da gerade eigentlich erlebst und durchmachst, bist du in der Lage, deine derzeitige Situation auch einzuordnen in diesen Prozess. Üblicherweise verläuft er in acht Phasen. In der ersten Phase schleicht sich zunächst ein Bauchgefühl ein. Alles ist noch sehr vage, dir ist vielleicht nicht einmal ganz klar, dass da wirklich etwas ist, aber du wirst vielleicht ein wenig unruhiger, getriebener, verspürst eine nicht-zielgerichtete Sehnsucht und wunderst dich nicht selten, was los ist. Denn eigentlich hast du alles, Partner, Beruf, Familie, Freunde – dein Leben scheint in Ordnung zu sein und du scheinst erreicht zu haben, was du anstrebst. Von Dualseelen weißt du vielleicht noch überhaupt nichts und möglicherweise bist du kein bisschen spirituell. In der zweiten Phase stolpert deine Dualseele in dein Leben hinein. In der unmittelbaren Vorzeit bemerkst du oftmals schon eine gesteigerte Spiritualität bzw. du bist von dir selbst überrascht, für welche Dinge du dich auf einmal zu interessieren beginnst und welche Energien du plötzlich anfängst, wahrzunehmen. Und dann steht der Partner da. Plötzlich und vielleicht unter merkwürdigen Umständen, vielleicht kommt er dir alles andere als gerufen. Du wähnst dich in einer stabilen Phase und bist womöglich außerdem in einer zufriedenstellenden Partnerschaft. Wie es sich anfühlt, ihn dann auf einmal zu treffen, darüber hast du schon ausführlich gelesen, du kannst dir nun also ausmalen, was es bedeutet, wenn all dies mit voller Wucht einschlägt in dein so beschauliches und geruhsames Leben. In Phase drei begreifen dann beide, dass es hierbei um eine Liebe geht, die so noch niemals da war, die alles andere in den Schatten stellt und gegen die man sich nicht entscheiden kann. Ihr steht zu dieser Liebe, mit allen möglichen Konsequenzen dieser Entscheidung. Ihr macht die völlig neue Erfahrung einer Liebe, die von beiden Seiten gleich intensiv genährt und gespendet wird.

Eure Existenz ist geprägt von der Wahrnehmung dieser Gefühle, der Rest des Lebens tritt stark in den Hintergrund. Hier kommt es auch zu den bereits erwähnten Phänomenen wie Gedankenübertragung oder das Mitempfinden der Gefühle des anderen. Phase vier beinhaltet dann die „Stabilisierung" dieses Zustandes, man installiert sich in diesem Glück, das man gefunden hat, und macht es zu seinem Leben. Man gewöhnt sich an dieses neuartige Paradies und zunehmend an den Gedanken, dass all dies die zukünftige, strahlend schöne Realität sein kann. Phase fünf dann –man ahnt es schon – bringt einen Einbruch. Wie bei allem, was zu schön scheint, um wahr zu sein, brechen auch hier Löcher auf, aus denen Finsternis in das helle Licht der Dualseeleneinigkeit flutet. Denn der Rausch des Anfangs verklingt langsam, was in erster Linie bedeutet, dass all das, was dadurch nun für einige Zeit übertüncht war, umso stärker wieder an die Oberfläche drängt, das heißt: All eure Probleme, Schmerzen, traumatischen Erfahrungen, komplizierten Situationen, Lernaufgaben – kurz gesagt, all das, was ihr noch nicht erledigt habt – machen sich deutlich bemerkbar und schreien jeweils, „Ich bin noch hier, ich bin nicht weg, du hast mich nicht gelöst." Die Natur der Dualseelen, sich hierbei gegenseitig ununterbrochen herauszufordern und an die Grenzen zu treiben, intensiviert den Prozess und bei vielen setzt extreme Verunsicherung ein: Wie kann es sein, dass der Mensch, der mir in der letzten Zeit all dieses unwahrscheinliche Glück beschert hat, nun diese Schmerzen in mir auslöst? Welche Dynamiken das auslöst, wurde bereits ausführlich erklärt – dies ist die Phase, in der all das zur Anwendung kommt. Phase sechs ist nun sicherlich die Schmerzhafteste.

Gleich zu Beginn: Es ist die Phase der Trennung. Eure gegenseitige Herausforderung wird euch letztlich überfordern, ihr habt noch nicht die Kraft, all das zu bewältigen, was hier auf euch zukommt, und vor allem: Ihr habt noch zu lernen. Und zwar jeder für sich eine intensivste Lektion. Hier kommt die Rollenverteilung zwischen Loslasser und Gefühlsklärer nun deutlich zum Tragen und die damit verbundenen spezifischen Lernaufgaben drängen sich mit aller Kraft auf. Dem Gefühlsklärer wird nun alles zu viel und er möchte nichts anderes, als sich zurückzuziehen. Den Loslasser ängstigt nichts mehr als der Gedanke daran, den Partner zu verlieren. Beide stehen also ihren tiefsten Ängsten gegenüber. Es ist eine unwahrscheinlich schmerzliche Zeit und am Ende gehen beide auseinander, so verstört und verzweifelt wie vielleicht nie zuvor.

Das ist richtig und wichtig so, denn ihr müsst eben noch zwei Aufgaben bewältigen: Lernen, loszulassen, und lernen, eure Gefühle wahrzunehmen und anzuerkennen. Bei manchen Paaren wiederholt sich diese Phase mehrfach, sie trennen sich, um wieder zusammenzukommen, weil sie nicht voneinander lassen können – und können einander doch auch noch nicht ertragen. In der Getrenntheit jedoch leitet sich schließlich die Heilung ein. Beide sind gezwungen und zunehmend in der Lage, Wunden zu schließen, Verletzungen zu bearbeiten und an den dringendsten Aufgaben zu arbeiten. Dies ist übrigens auch die Zeit, in der Loslasser an ihrem Gefühlsklärerpartner oft das ertragen müssen, was viele als schwerste Zumutung beschreiben: Das ewige Hin-und-Her-Spiel aus Nähe und Distanz, Annäherung, Zurückziehen, Leugnen der Gefühle und dann doch von selbigen übermannt werden. Es zeigt ganz deutlich, dass hier beide noch zu arbeiten haben. Phase sieben dann bringt letztlich die Erlösung. Das klingt aber vielleicht zunächst angenehmer, als es ist, denn diese Erlösung wird hart erkämpft. Hier muss nun all das stattfinden, was im Hinblick auf Verzeihen, Schatten annehmen, Selbstliebe entwickeln und bedingungsloses Annehmen dargelegt wurde. Hier erfolgt die schlussendliche Transformation, das Überwinden, das Aufarbeiten und das zur Ruhe kommen. Am Ende dieser Phase stehen beide da und sind mit sich im Reinen. Klarheit, Ruhe, Beständigkeit und Sicherheit herrschen vor, jeder ist sich selbst genug und keiner mehr vom anderen abhängig – und dann kommt das Paradoxon zum Tragen, dass nun endlich das zusammenkommen kann, was sich schließlich braucht, um eins zu werden.

Phase acht ist dann das Ziel. Hier seid ihr angekommen und es muss nichts weiter passieren. All die Kämpfe und Entbehrungen, das Leiden, die Verzweiflung, die Schmerzen liegen hinter euch. Sie sind Vergangenheit, ein für alle Mal überwunden und abgelegt. Sie haben keine Bedeutung mehr, weil in eurer Verbindung nichts mehr existiert, dass solchen Qualen Nahrung geben könnte. Ihr seid beieinander angekommen, in einem Zuhause, das unendliche Geborgenheit bietet. Das wird übrigens auch euer Umfeld wahrnehmen, es sind gerade solche Paare, deren Gesellschaft gesucht und genossen wird, weil andere Menschen ganz instinktiv das Besondere, Vollkommene und Heilsame der Verbindung spüren.

Nach allem, was du bisher gelesen hast, und nach all den Gedanken, die du dir gemacht hast und all den Übungen, die du bearbeitet hast, kannst du vermutlich gut einschätzen, an welchem Punkt dieser Reise ihr euch befindet. Allerdings ist auch hier wieder Ehrlichkeit unverzichtbar: Wenn ihr noch zu lernen habt, nützt es nichts, das zu leugnen, eure Aufgaben werden euch immer wieder einholen. Aber nun steht dir umso deutlicher das Ziel vor Augen und du weißt, für welchen unermesslichen Schatz du schlussendlich kämpfst.

WORAN ERKENNE ICH, DASS MEIN SEELENPARTNER MIR GUTTUT?

Die Frage klingt vielleicht zunächst irrelevant, ist sie aber nicht. Denn wir wissen nun schon, dass große Teile des notwendigen Prozesses in schmerzlicher Arbeit bestehen, wir können uns also mitnichten auf das angenehme, glückselige Gefühl verlassen. Der Seelenpartner kann uns guttun, auch, wenn es sich gerade gar nicht so gut anfühlt, und umgekehrt kann es sich eigentlich ganz angenehm anfühlen, aber guttut er uns deswegen noch lange nicht. Mehrere Konstellationen sind hier möglich: Wir fühlen uns wohl und er tut uns gut. Das ist natürlich der schönste Fall und er tritt ganz am Anfang und ganz am Ende unseres gemeinsamen Prozesses ein. Zu Beginn fühlen wir ja, wie im vorigen Kapitel dargelegt, intensive Liebe und Nähe und auch, wenn diese (noch) nicht beständig und endgültig sein können, tun sie uns in diesem Moment gut. Denn wir lernen, welche Gefühle tatsächlich möglich sind. Wir erfahren zum ersten Mal das überwältigende Gefühl unbedingter, gegenseitiger Liebe auf Augenhöhe und dies ist ein wichtiger Schritt auf unserem Entwicklungspfad. Und ganz am Schluss? Nun, dann sind wir angekommen. Dann fühlt sich alles mit dem Partner gut an und natürlich ist es auch richtig, denn es ist das Ziel.

Zweiter Fall: Etwas fühlt sich gut an, ist es aber nicht. Es ist hier oftmals besonders schwierig, zu widerstehen und sich nicht verleiten zu lassen. Wir können uns beispielsweise gut fühlen, weil wir gewisse Dinge ausblenden und nicht wahrhaben wollen oder weil wir beide es uns zu bequem gemacht haben in der Dualseelenhängematte – und zwar zu einem Zeitpunkt, an dem wir noch lange nicht „fertig", sondern beide schlicht zu träge sind, um uns aus der dämmernden Bequemlichkeit zu erheben und anstrengende Lernprozesse zu durchlaufen. Die Folgen sind die gleichen: Wir lernen nicht das, was wir sollen – und verzögern so lediglich unseren Entwicklungsprozess. Die letzten beiden Fälle sind kompliziert, weil unsere Impulse der Wahrheit zuwiderlaufen und allerhand an Verklärung und unterbewussten Wünschen mit hineinspielen. Hier müssen wir besonders gut aufpassen, dass wir uns nicht selbst in die Tasche lügen, weil wir manche Dinge einfach nicht wahrhaben wollen. Es gilt, zu unterscheiden zwischen „fühlt sich nicht gut an, ist aber gut für mich“ und „fühlt sich nicht gut an und tut mir auch tatsächlich nicht gut“. Wir können schmerzliche Erfahrungen durchleben, die aber notwendig sind für unser Wachstum, und indem unser Seelenpartner uns diese zumutet, tut er uns letztlich tatsächlich gut. Oder er fügt uns Schmerzen zu, und zwar auf eine Art, mit der wir zumindest zu dem Zeitpunkt gar nicht konstruktiv umgehen können. Dann ist die Zeit nicht reif, wir sind nicht reif und unser Seelenpartner kann uns nicht guttun. Woran aber erkennen wir nun, dass er uns tatsächlich guttut? Es gibt einige Zeichen, nach denen du suchen kannst. Sie offenbaren sich in der Regel nur bei der Beobachtung über einen längeren Zeitraum hinweg und ohnehin nur dem, der ehrlich zu sich selbst ist. Frage dich Folgendes: Belebt die Gegenwart deines Partners bzw. seine Existenz in deinem Leben dich? Fühlst du dich insgesamt beschwingter, energiereicher, anpackend, lebhafter, aufmerksamer, neugieriger aufs Leben? Falls ja, ist dies ein ziemlich gutes Zeichen. Ein weiteres Zeichen: Streitigkeiten und Ärgernisse bleiben auf das beschränkt, was sie sind. Ein vergessener Mülleimer bleibt ein vergessener Mülleimer und weitet sich nicht zu generellen Zwistigkeiten aus, die die Natur des anderen ganz grundsätzlich miteinbeziehen. Das Gleiche gilt für externe Probleme: Das Auto muss überraschend für eine teure Reparatur in die Werkstatt, was euch finanziell in Schwierigkeiten bringt. Schafft ihr es, die Sache nüchtern zu betrachten, zu lösen, und dabei stets als Paar verbunden zu bleiben, oder entzünden sich an dieser Außenangelegenheit auch zwischenmenschliche Konflikte? Drittes Indiz: Wenn du persönlich Probleme hast – im Job, mit Freunden, bei privaten Zielen –, empfindest du dann die Gewissheit, deinen Partner als stabile Anlaufstelle im Rücken zu haben, als versichernd?

Oder drängen sich dir eher Gedanken auf wie, „Wenn er nicht so unmögliche Arbeitszeiten hätte, könnte ich mich viel besser um meine Karriere kümmern“, oder, „Wenn ich nicht ständig die Streitereien mit ihm hätte, bliebe mir viel mehr Kraft für meine Hobbys“? Zusammengefasst: Neigst du dazu, deinen Partner als Sündenbock oder doch zumindest als Quelle für Schwierigkeiten in deinem Leben zu sehen, oder bleibst du ganz sachlich bei dir und siehst ihn als Bereicherung? Im zweiten Falle scheint er dir gutzutun. Viertens: Hast du das Gefühl, dass ihr gleich viel in die Beziehung investiert? Sind beide Partner gleich hingegeben und verbindlich, liegt beiden gleich viel daran? Dies ist ein sehr deutliches Indiz für eine wohltuende Verbindung, denn in den Phasen der Dualseelenliebe, in denen eine Trennung das Richtige ist, ist meist ein Partner deutlich stärker emotional involviert. Fünftens: Hast du das Gefühl, ein eigenständiges Leben zu führen? Weißt du, dass du so, wie du lebst, auch problemlos weiterleben könntest, wenn dein Partner beispielsweise für einige Monate fortmüsste? Noch ausgeprägter: Weißt du, dass dein Leben weitergehen würde, selbst wenn ihr euch trennen würdet? Es geht nicht darum, dass er dir nicht fehlen würde, sondern darum, dass dein Leben auch ohne ihn nicht zusammenbricht, sondern auf einem unabhängigen, starken Fundament steht. Falls ja, bedeutet dies, dass ihr euch gegenseitig Respekt und aufrichtige Unterstützung entgegenbringt, ein hervorragendes Zeichen. Und schließlich das vielleicht stärkste Indiz: Hast du den Eindruck, dass dein Partner dich so liebt, wie du bist? Dass er dich nicht nur „hinnimmt“, sondern liebt? Hat er gar kein Interesse daran, etwas an dir zu verändern oder dich zu erziehen, und freut er sich an dir und deinem Wesen, ganz genau so, wie es ist? Dann tut seine Gegenwart dir wohl wirklich gut.

Manchmal muss man loslassen

Es ist schon mehrfach angeklungen und im Kapitel über die verschiedenen Phasen des Dualseelenprozesses auch deutlich angesprochen worden: Selbst, wenn er tatsächlich deine Dualseele ist, kann es das Richtige sein, ihn gehen zu lassen, zumindest für diesen Moment. Dies ist vermutlich die schwierigste Aufgabe in eurer ganzen gemeinsamen Geschichte, vor allem, wenn du der Loslasser in der Beziehung bist. Um diese Herausforderung besser meistern zu können, sollen dir die folgenden Kapitel Unterstützung und Erklärung bieten.

JEDER MENSCH HAT EINE AUFGABE IN UNSEREM LEBEN

Diese Tatsache sollte man sich stets vor Augen halten, denn sie hilft auch abseits der Dualbeziehung sehr weiter. Jeder Mensch, auf den wir treffen und der uns Schwierigkeiten bereitet, wurde uns sozusagen „geschickt", und zwar aufgrund des Seelenplans, dessen Lernprozess wir schließlich freiwillig absolvieren. Und natürlich gilt das für unsere Dualseele umso mehr: Sie hat eine große Aufgabe in unserem Leben und vielleicht ist deren wichtigster Teil, uns zu zwingen, Unabhängigkeit zu lernen. Das tut er nicht, indem er uns sagt, „Ich ziehe mich zurück, damit du lernen kannst", sondern er tut es, indem er uns all das zumutet, was diesen Verzicht üblicherweise so schrecklich schwer macht. In letzter Konsequenz: Er ist nicht bereit, eine Beziehung mit dir zu führen, wie du sie dir wünschst. Vielleicht möchte er nichts Verbindliches, hält dich mit seinem wankelmütigen Ja-Nein-Vielleicht-Spielchen auf Trab und entzieht sich immer wieder gerade so viel, dass er unabhängig bleibt. Oder er sagt dir geradeheraus, dass er nichts Festes möchte, und bietet dir eine lockere Affäre an. Womöglich geht dieser Vorschlag einher mit der für dich noch schmerzhafteren Aussage, dass er dich zwar ganz nett und attraktiv findet, aber einfach keine ernsthaften Gefühle für dich hegt. Und was für viele am schwersten zu ertragen ist: Möglicherweise ist er bereits in einer Beziehung und entscheidet sich, in dieser zu bleiben. Das kann passieren, nachdem ihr bereits eine intensive Affäre oder Seitenbeziehung hattet, mit Wissen seines Hauptpartners oder ohne, oder er lässt es zwischen euch gar nicht erst so weit kommen. Eure Verbindung kann bereits höchst intensiv sein und auch von ihm so empfunden werden, aber er hat seine Gründe, die Beziehung nicht leben zu wollen. Vielleicht aus Angst vor seinen Gefühlen, vielleicht aus Angst vor dem Verlust seines bisherigen Lebens, vielleicht, weil ihm eure Verbindung irrational erscheint oder weil er sich seinem bisherigen Partner zu stark verbunden fühlt.

Für dich heißt das in jedem Fall: Du musst anerkennen, dass er dir jetzt nicht die Beziehung bieten wird, die du haben möchtest. Punkt. Es gibt daran nichts zu rütteln, denn du hast seine Entscheidung nicht in der Hand und zudem wird jeder Überredungsversuch ihn nur noch weiter von dir wegtreiben. Und das aus gutem Grund: Je verzweifelter du die Realität nicht annehmen kannst, desto mehr erschreckst du ihn und desto mehr wird er auch unbewusst begreifen, dass du selbst noch gar nicht wirklich bereit bist für eure Verbindung. Du siehst, es läuft alles stets auf denselben Punkt hinaus: Alles in euch steht in wechselseitiger Beziehung zueinander, er spiegelt dich und zwingt dich zum Wachstum – und zwar viel heftiger und schmerzlicher, als du es selbst tun würdest. Und dir bleibt nichts anderes, als seine Entscheidung anzuerkennen und möglichst produktiv mit ihr zu leben.

AUFLÖSEN VON INTENSIVEN, ABER TOXISCHEN BEZIEHUNGEN

Der Fall, dass dein Partner eine Beziehung nicht zulässt, wurde nun schon besprochen, genauso kann das Ende aber auch von dir ausgehen. In manchen Fällen muss es das sogar, denn dein Partner hat noch gar nicht begriffen, dass das, was ihr da gerade lebt, gar nicht wirklich möglich ist. „Toxische Beziehung“ ist in den letzten Jahren zu einem bekannten Schlagwort geworden, was es letztlich bedeutet, ist jedoch nur Folgendes: eine Beziehung, die am Ende mehr kostet, als sie gibt. Kraft, Nerven, Energie, Zufriedenheit, Glück – bei all diesen Rechnungen kommt am Schluss ein Minusbetrag heraus und das bedeutet, dass die Beziehung dringend aufgelöst werden sollte. Doch woran kannst du nun erkennen, dass eure Verbindung wirklich giftig ist und nicht einfach nur herausfordernd? Die Beantwortung dieser Frage steht in engem Zusammenhang mit dem Kapitel, das der Frage nachging, woran du erkennen kannst, dass deine Dualseele dir guttut. Klar, denn sie ist genau das Gegenteil. Für ausführliche Antworten kannst du noch einmal in jenem Absatz dieses Buches nachschlagen, hier kommt noch eine Liste, die ganz explizit Anzeichen einer toxischen Beziehung nennt, die leicht und rasch zu identifizieren sind. Erstens: Dein Selbstwertgefühl leidet. Wenn du dich durch deinen Partner oder sein Verhalten am Ende schlechter fühlst als zuvor, wirkt er auf dich wie Gift. Zweitens: Dein Partner kritisiert dich viel, wertet dich herab, möchte etwas an dir verändern. All das sind ebenfalls Angriffe auf dein Selbstwertgefühl, die dich entweder wirklich verunsichern oder doch zumindest sehr schwächen. Drittens: Du gibst mehr, als du bekommst, und seine Wünsche und Bedürfnisse stehen grundsätzlich im Vordergrund. Dies führt langfristig dazu, dass du dich unterordnest, deine Kontur verlierst und mehr und mehr zu einem Anhängsel ohne eigene Persönlichkeit wirst. Dein Charakter verliert seine Farben, deine Seele ihre Strahlkraft, bis am Ende nicht mehr viel von dir selbst übrig ist. Viertens: Ganz generell fühlst du dich die meiste Zeit – wenn du ehrlich bist – schlecht. Die guten Momente sind bei Weitem weniger, die hässlichen überwiegen deutlich und das Gleichgewicht verschiebt sich zunehmend in diese Richtung. Womöglich hast du dich bereits daran gewöhnt und empfindest es als normal, vielleicht entspricht dieses Verhältnis auch deinen früheren Erfahrungen, trotzdem bedeutet es ausdrücklich, dass du an diesem Punkt gehen solltest. Oft hat man bereits tief in sich seit Langem das eindeutige Bauchgefühl, dass ein Schlussstrich das Richtige wäre, verdrängt diese Erkenntnis aber mit aller Macht. Hilfreich hier kann die Einschätzung von Außenstehenden sein: Finden deine Freunde, dass du dich zum Schlechteren verändert hast? Haben sie den Eindruck, du hättest an Leichtigkeit, Unternehmungslust, Energie, Lebensfreude und Genussfähigkeit verloren? Auch diese Stimmen solltest du nicht ungehört verhallen lassen, sondern ernsthaft fragen, inwieweit sie ihre Berechtigung haben. Übrigens: Auch ganz handfeste Folgen können sich aus solch schädlichen Beziehungen ergeben: Schlafprobleme, depressive Verstimmungen, Stresssymptome und weitere psychische Probleme werden damit ebenfalls in Verbindung gebracht, und spätestens diese sollten alle Alarmglocken schrillen lassen.

Irgendwann hast du dich dann zu der Erkenntnis durchgerungen, dass diese Beziehung für dich tatsächlich Gift ist – und nun? Das Wissen allein macht den meisten Betroffenen die Aufgabe noch nicht viel leichter. Doch es gibt einige Ansätze, die dabei hilfreich sein können. Zunächst solltest du das Zutrauen in dein Bauchgefühl wieder erlernen. Gerade das kommt uns in toxischen Verbindungen oft abhanden, weil wir darauf angewiesen sind, alles zu relativieren und zurechtzubiegen. Höre konzentriert auf deine innere Stimme und folge ihr an genau den Punkten, an denen du dir angewöhnt hast, sie zu unterdrücken. Höre bewusst und vorurteilsfrei auf das, was sie dir zu sagen hat, und grabe an den Punkten weiter. Oft sagt sie dir noch viel mehr, als du geahnt hättest. Nützlich ist ebenfalls, sich andere Situationen vor Augen zu führen, in denen deine Instinkte dir absolut präzise und zutreffend geholfen haben. Auf diese Art lernst du, wieder eine verlässliche Beziehung zu diesem Teil deiner Seele aufzubauen. Übrigens: Halte dir gerne vor Augen, dass unser Unterbewusstsein neuesten Annahmen zufolge deutlich mehr Einzelinformationen verarbeitet als unser Bewusstsein. Es ist also eigentlich die weitaus verlässlichere und wissendere Quelle – und es wäre unverantwortlich, diese nicht zu nutzen.

Als Nächstes hilft die Einbeziehung Außenstehender. Dafür musst du das Gefühl über Bord werfen, irgendwie Verrat an eurer besonderen Beziehung zu begehen, indem du die Schwierigkeiten nach außen trägst. Das ist Unsinn. Was ihr seid, das seid ihr und das kann euch niemand nehmen. Wenn ihr beide tatsächlich Teil einer Seele seid, dann ist daran nichts zu rütteln und auch nichts zu verlieren. Und der Blick von außen hilft stark dabei, die eigene, oft verzerrte Wahrnehmung wieder zurechtzurücken. Der wichtigste Punkt ist aber folgender: Richte den Blick nach vorne, entwerfe neue, eigenständige Ziele und entwickle neue Glaubenssätze. Frage dich, was du wirklich möchtest, was du sein möchtest und was du von dir denkst. Vermutlich haben negative Glaubenssätze einen großen Teil deiner bisherigen Beziehung bestimmt – höchste Zeit, sie durch positive Glaubenssätze zu ersetzen! Aus, „Ich bin wertlos", wird, „Ich bin ein einzigartiger, kostbarer Mensch", aus, „Das kann ich nicht", wird, „Wenn ich will, kann ich alles schaffen". Experimentiere ein bisschen herum mit Botschaften, die gut und verlockend für dich klingen, und wiederhole sie so oft und überzeugt, wie du nur kannst. Das Gleiche gilt für Pläne und Visionen: Erstelle dir doch eine Liste mit all den Dingen, die du losgelöst von

Partnern und Beziehungen gerne erreichen möchtest, und schau dir die Liste immer wieder an. Führe dir auch vor Augen, dass dein jetziges Leben im Klammergriff dieser Beziehung solche Entwicklungen nicht zulassen wird und wie es sich anfühlen würde, sie doch zu verwirklichen. Und ganz zum Schluss ist der entscheidende Punkt: Wenn er deine Dualseele ist, werdet ihr wieder zusammenfinden. Das weißt du. Es ist alles angelegt in eurem Seelenplan, du kannst nichts kaputt machen oder verlieren – wenn ihr nie mehr zusammenkommt, dann war er es nicht. Er war nicht deine Dualseele und damit nur ein beliebiger, schädlicher Mensch, der durch dein Leben gestolpert ist – und dank dem du mindestens einiges hast lernen können.

LOSLASSEN LERNEN – UND EIN NEUES SELBST MODELLIEREN

Eng verknüpft mit der Frage nach der Auflösung einer Beziehung, die nicht guttut, ist die Frage, wie ein „Leben danach" gestaltet werden kann. Denn nicht selten hat die toxische Verbindung so viel zerstört, dass neue Fundamente gebaut werden müssen und die ganze Existenz eine neue Struktur benötigt. Das ist anstrengend, aber machbar – den schwierigsten Schritt bist du mit der Trennung bereits gegangen. Nun kommt der Prüfungsteil, wegen dem der Loslasser heißt: Du musst lernen, wirklich allein und eigenständig für dich zu sorgen. Einkaufen und kochen wirst du noch hinbekommen, aber für deine emotionale Gesundheit und Ausgeglichenheit zu sorgen, ist zunächst eine immense Herausforderung – und schließlich eine der größten Lernaufgaben. Aber wie ist es nun wirklich zu bewerkstelligen, das Loslassen? Am Anfang steht die Bewusstmachung. Mache dir bewusst, dass Loslassen eine aktive, freie Entscheidung von dir ist.

Loslassen ist nicht verlieren, es ist das Gegenteil: Es ist das selbstbestimmte Gehenlassen, Ziehenlassen, in die Freiheit entlassen, es ist nicht passiv, es passiert dir nicht, sondern du tust es. Es ist eine immense Macht, über die du da verfügst, und du solltest sie anwenden, um dir gutzutun. Du lässt los und dann bist du wieder Herr über dein Leben. Und wie kannst du dieses nun gestalten, wie kannst du wirklich (wieder) gut und selbsterfüllt mit dir allein leben? Zunächst einmal hilft es, sich seine Potenziale ins Bewusstsein zu rücken. Das können Fähigkeiten von dir sein, die du lange vernachlässigt hast, die vielleicht sogar unterdrückt wurden während deiner schwierigen Beziehung, oder die sogar dein ganzes Leben lang nur als dein Schatten existiert haben. Potenziale freischürfen ist konstruktiv, du erschaffst etwas, du treibst etwas voran.

Es ist das Gegenteil von passivem Herumschwappen in einer Strömung, die du nicht beeinflussen kannst. Beginne dann, dein Leben wieder auf dich auszurichten. Hier helfen wieder Zettel und Stift und einige wohlüberlegte Listen. Nimm dir Zeit, um folgende Fragen ausführlich zu beantworten, und ergänze auch gerne über Tage oder Wochen hinweg: Was ist mir in meinem Leben wichtig? Schreibe alles auf, was dir einfällt, ganz unsortiert, z. B. Familie, Zeit zum Nichtstun, sportlich fit sein, eigenes Haus mit Garten, Erlebnisse mit Freunden, Querflöte spielen, kreativ sein, Weiterbildung, eine ruhige und stille Umgebung, Reisen, Haustiere, Harmonie etc. Danach kannst du dann konkretere Listen anfertigen. Setze auf die erste Liste alles, was dir wichtig ist, bislang aber nicht so viel Raum in deinem Leben einnehmen konnte, wie es eigentlich für dich angemessen wäre. Du möchtest mehr Zeit für dich ohne Gesellschaft? Warst du lange nicht mehr in fernen Ländern unterwegs? Siehst du deine Eltern viel zu selten? Die nächste Liste sammelt dann die Gründe für diese Schieflage. Weshalb hast du nicht so viele Bücher gelesen, wie du gerne gewollt hättest? Warum hast du kaum Zeit für dich gefunden? Und schließlich: Was muss sich in deinem Leben konkret ändern, damit diese Dinge den Raum einnehmen, der ihnen gebührt?

Du wirst vermutlich feststellen, dass einige Punkte auf den letzten beiden Listen in engem Zusammenhang mit deinem Partner stehen, und somit liegt nun gewissermaßen schwarz auf weiß vor dir, wie diese Trennung dir und deinem eigenständigen Leben zum Vorteil gereichen kann. Und so kannst du dir schließlich noch eine Bonusliste erstellen: Schreibe auf, wie sich diese Veränderungen in deinem Gefühlsleben niederschlagen werden. Was wird sich an deinem emotionalen Gesamtzustand verändern, welche Empfindungen wirst du (wieder) erleben, wenn du diesen Dingen genügend Platz in deinem Leben einräumst?

Diese Vorgehensweise hilft dir, über positive Ansätze und Vorstellungen Motivation und Kraft für dein Durchstarten in der Eigenständigkeit zu sammeln, aber natürlich kannst du das Feld auch von hinten aufrollen: Trage zusammen, in welcherlei Hinsicht dein Partner deine Selbstständigkeit behindert hat. Das dient nicht nur der Genugtuung oder Überzeugung, sondern hat ganz praktischen Wert: Du erkennst, wo dein Partner Lücken gefüllt hat, die du nun selbst zu füllen lernen musst, und an welchen Stellen du dich ganz besonders hingegeben hast in die Abhängigkeit von ihm. Vielleicht hat er eure Finanzen geregelt oder dir den Abend mit seiner Unterhaltung versüßt – dann musst du Strategien entwickeln, Bankkonten und Steuererklärung künftig selbst zu regeln und dir für die Abende neue Routinen oder Beschäftigungen überlegen. Versuche, auch das als Chance zu begreifen: Du könntest abends ins Fitnessstudio gehen oder einem Chor beitreten, vielleicht interessiert dich ein Frauenstammtisch oder eine ehrenamtliche Arbeitsgruppe?

Es verbergen sich überall Möglichkeiten, die du noch nicht genutzt hast, und in der Welt wartet allerhand Neues auf dich. Letztendlich solltest du noch eine Liste erstellen und die wird dir vermutlich nicht gerade leichtfallen: Horche aufrichtig in dich hinein, an welchen Stellen deine Abhängigkeit und Bedürftigkeit ganz besonders zutage treten. Wenn du allein zu einer Veranstaltung gehen musst? An einsamen, verregneten Sonntagmorgen? Bei Urlaubsreisen? Mit diesen Überlegungen bezweckst du vor allem eines: Du bereitest dich geistig darauf vor, in diesen Situationen besonders heftige Rückschläge zu erfahren sowie Sehnsuchtsanfälle und Verzweiflung zu erleben, und somit kannst du dich dagegen wappnen. Vielleicht überlegst du dir vorab Strategien, um diesen Stolperstricken auf dem Weg in die Unabhängigkeit zu begegnen, indem du etwa einen Urlaub mit deiner besten Freundin buchst oder sonntagmorgens joggen gehst. Was auch immer du planst: Mache dir stets bewusst, dass du künftig alle Entscheidungen für dich und aus dir heraus triffst und dass du diese auch vor niemandem anderen als dir rechtfertigen musst. Führe dir die unermessliche Freiheit, die du dir damit selbst schenkst, immer wieder vor Augen – das ist der Schlüssel dazu, sie zu würdigen und sie genießen zu lernen.

Ins Bewusstsein kommen

Ganz zum Ende der Anleitungen und Erklärungen zum Dualseelenweg kommen nun noch zwei Punkte, die eng miteinander in Verbindung stehen. Sie beschäftigen sich ausschließlich mit dir als Individuum und sollen also eine Hilfe dabei sein, wie du unabhängig von deinem Seelenpartner mit dir ins Reine kommst. Die Schlüsselbegriffe hier sind Achtsamkeit und Transformation. Im Unterschied zu vielen bisher bereits besprochenen Übungen und Ansätzen geht es weniger um konkrete Problemlösungsstrategien, sondern der Fokus wird stark erweitert und nimmt den Menschen als Ganzes in den Blick. Das hat auch den Vorteil, dass nicht nur problemorientiert gearbeitet wird, sondern ganz unvoreingenommen neutral.

ACHTSAMKEITSÜBUNGEN – ZULASSEN, WAS IST UND KOMMT

Am Beginn steht die Achtsamkeit. Ein etwas altmodisch scheinendes Wort, es hat jedoch in jüngster Vergangenheit ein Comeback erlebt, seit der amerikanische Universitätsprofessor Jon Kabat-Zinn sein Achtsamkeitsprogramm entwickelt hat, das heutzutage Menschen und medizinische Institutionen auf der ganzen Welt nutzen. Das Kernelement ist bewusstes, achtsames Wahrnehmen. Und was so einfach klingt, kann ziemlich schwierig sein, weil unser Denken von Ablenkung, Unfokussiertheit und Verdrängung geprägt ist, achtsam sind wir kaum jemals von selbst. Die Übungen bzw. Meditationen legen nun den Fokus darauf, einfache Dinge in vollem Bewusstsein und mit maximaler Aufmerksamkeit zu tun. Dies führt dazu, dass wir einen besseren Zugang zu uns selbst und unserer Wahrnehmung haben und so oftmals erst in der Lage sind, aufzuspüren, wo es eigentlich tatsächlich hakt. Und hier kommen nun ein paar simple und leicht von jedermann umzusetzende Übungen. Zu Beginn geht es stets darum, erst einmal zur Ruhe zu kommen. Schaffe dir also einen ungestörten Ort, setze dich bequem, aber aufrecht hin oder, wenn du lieber magst, stelle dich aufrecht hin. Dann nimmst du ein paar tiefe Atemzüge und versuchst, alle Gedanken einfach davontreiben zu lassen. Du wirst bemerken, dass das alles andere als einfach ist, aber keine Angst: Mit genau dieser Schwierigkeit befassen sich Achtsamkeitsübungen. Eine sehr wirkungsvolle und gerade für Anfänger leicht zu praktizierende Übung ist die Körpermeditation. Sie hat den Vorteil, dass du nicht „nichts" denken musst, sondern deinem Geist eine klare Struktur vorgeben kannst. Nun tastest du geistig deinen gesamten Körper ab. Beginne mit einem deiner Füße und konzentriere dich darauf, deine Zehen zu spüren. Erst den großen Zeh, dann die restlichen Zehen, wandere dann über die Fußsohle entlang und schließlich über deinen Fußrücken. Gehe weiter über die Knöchel hinweg, über Schienbein und Wade zum Knie und weiter über die Oberschenkel, bis du an der Hüfte ankommst. Verfahre dann genauso mit dem anderen Bein. Während der ganzen Zeit konzentrierst du dich nur darauf, die entsprechende Körperstelle zu spüren. Du sollst sie nicht bewegen oder anspannen, du sollst deine Wahrnehmung so scharf stellen, dass du einfach nur den Körperteil so, wie er ist, fühlst. Dabei wird dir eines ständig passieren: Du schweifst ab. Dir fällt alles Mögliche ein, dass du beim Einkaufen die Milch vergessen hast, wie genervt deine Freundin vorhin am Telefon klang, dass das Rot der Gardine unten schon etwas ausgeblichen ist etc. Im Achtsamkeitstraining spricht man hier vom „monkey mind", von deinem Geist, der also ständig herumspringt, wie ein ungezähmter Affe, und nicht stillhalten kann. Was du jetzt tun sollst, ist der Kern der Achtsamkeit: Du nimmst wahr, dass du abschweifst, und stellst es fest. Ganz wichtig: Du bewertest nichts. Du bewertest nicht den Inhalt der Gedanken selbst, du kritisierst dich auch nicht dafür, dass du die Konzentration verloren hast, sondern du sagst einfach nur, „Ich stelle fest, ich bin abgeschweift. Da ist dieser und jener Gedanke. Ich akzeptiere diese Tatsache und lasse den Gedanken nun wegtreiben wie eine Feder im Wind". Ganz gleich, ob der Gedanke schön war oder vielleicht erschreckend, quälend oder nervig – es hat keine Bedeutung.

Du lässt den Gedanken wegfliegen und holst dich bewusst wieder zurück zur Wahrnehmung der Körperstelle, bei der du gerade bist. Nach den Beinen verfährst du in der gleichen Weise mit Oberkörper, Armen und schließlich mit Kopf und Gesicht. Wichtig ist: Habe Geduld mit dir. Dein Geist ist diese Fokussiertheit nicht gewohnt, er wird ständig herumspringen und du wirst ihn das ein oder andere Mal wieder einfangen müssen. Das geht auch erfahrenen Meditierenden so, allerdings wirst du mit der

Zeit feststellen, dass es dir immer seltener passiert. Die Körpermeditation ist nun also aufgrund ihrer Unmittelbarkeit gerade für den Anfang besonders geeignet, später gibt es einige weitere Übungen, die leicht im Alltag praktiziert werden können. Sehr bekannt ist die Atemmeditation, die den gleichen Prinzipien folgt, aber den Fokus anders legt, und zwar eben auf den Atem. Du suchst dir wieder einen ruhigen Ort, nimmst dir etwas Zeit und sammelst dich. Dann konzentrierst du dich auf die präzise Wahrnehmung deines Atems. Gehe die einzelnen Empfindungen Schritt für Schritt durch: Wie fühlt es sich an, wenn die Luft an deinen Nasenflügeln vorbeiströmt? Kühl? Warm? Feucht? Kannst du womöglich etwas riechen? Wo spürst du den Luftstrom danach, im Rachenraum, in der Luftröhre? Fühle dann, wie dein Brustkorb sich hebt, wie die Lungenflügel sich weiten, wie dein Zwerchfell sich dehnt, wie die Bauchdecke sich hebt etc. Dann folge der ausströmenden Luft mit der gleichen Neugierde. Wie fühlt sich der Luftstrom im Mund an, an den Zähnen, an den Lippen etc.?

Versuche, möglichst viele Details zu erspüren und wahrzunehmen, jedoch ohne irgendetwas davon zu bewerten. In der Nase juckt es ein wenig? In Ordnung. Brennt vielleicht eine kleine Wunde im Mund? In Ordnung. Alles, was du wahrnimmst, nimmst du wahr – und nichts weiter. Und natürlich verfährst du wieder auf dieselbe Art mit deinem Affengeist. Fange ihn ein, ein ums andere Mal, geduldig und wohlwollend mit dir selbst. Im Prinzip kannst du aus jeder alltäglichen Tätigkeit eine solche Achtsamkeitsmeditation machen. Wichtig ist, dass es sich dabei um Vorgänge handelt, die simpel und automatisiert sind, sodass du dich auf ihre Durchführung selbst überhaupt nicht konzentrieren musst. So kann man etwa beim Zähneputzen achtsam sein, beim Gehen, beim Essen eines Stückchen Brotes, beim Auftragen von Körperlotion etc. Probiere ein wenig herum und finde die Dinge, bei denen es dir leichtfällt, sie zwischendurch immer wieder einmal als Achtsamkeitsübung durchzuführen.

Du wirst sehen, dass diese kleinen „Ruhepausen“ im Alltag dir bald eine willkommene Möglichkeit der Beruhigung und Energetisierung sein werden, denn sie bieten dir eine Auszeit von dem, was üblicherweise vorherrscht: Stress, Hektik, Multitasking und tausendfacher Input äußerer Reize. Und was hast du nun davon im Hinblick auf dem Heilungsweg deiner Seele? Sehr viel. Du verschaffst dir dadurch Momente von Klarheit, Ruhe und Bewusstheit, in denen du dann aktiv die Dinge angehen kannst, die du angehen musst. Für viele bereits beschriebene Übungen ist Achtsamkeit eine wunderbare Vorbereitung, beispielsweise, wenn du an deiner Verzeihen-Fähigkeit arbeitest oder eine der diversen Listen erstellst. Aber auch abseits davon verhilft dir die Achtsamkeit zu Momenten offenen, klaren Empfangens: Dein Geist ist auf kein besonderes Ziel geprägt, sondern frei, um aufsteigende Gedanken und Gefühle wahrzunehmen, und so gibst du deinem Unterbewusstsein eine fantastische Möglichkeit, sich unkompliziert zu Wort zu melden. Hier können wertvolle Impulse entstehen, von denen du nichts geahnt hast und für die innerhalb deines üblichen Bewusstseins und deiner gewohnten Denkmuster gar kein Raum gewesen wäre.

TRANSFORMATION: ÜBERTRAGEN IN DEN FRIEDEN MIT DIR SELBST

Deswegen steht die Achtsamkeit in enger Verbindung mit der Transformation. Darüber wurde bereits im Kapitel von den Schattenseiten einiges gesagt, hier soll nun noch einmal eine Brücke geschlagen werden zur generellen Natur des Übergangs. Denn nichts anderes bedeutet Transformation letztlich, damit wird nichts ausgelöscht oder aufgelöst, sondern Bestehendes wird lediglich in eine andere Form überführt, in eine gesündere. Für einzelne Übungen und genauere Informationen kannst du noch einmal im Schattenkapitel nachlesen, hier nun noch eine abschließende Zusammenführung der beiden Punkte: Die Achtsamkeit ermöglicht dir, einen Transformationsprozess einzuleiten, denn sie macht auf sanfte und unaufdringliche Art tief verborgene Dinge bewusst, und zwar, ohne sie zu bewerten. Genau dies ist die Schlüsselstelle, an der man einhaken kann, um den Schatten ins Licht zu holen. Gedanken, Gefühle und Assoziationen treiben an die Oberfläche, während der Meditierende in einer Verfassung ist, in der er zunächst einfach nur wahrnimmt. Er hat bereits hundertfach lästige kleine, unbedeutende Gedanken aufziehen sehen und diese wohlwollend einfach davontreiben lassen und nun, nach einiger Übungszeit, wenn der Geist sich sicher fühlt: Zack, da treibt ein Schreckgespenst an die Oberfläche. Es hat sich nicht angekündigt und niemand hat dich gewarnt und du siehst es, erschrickst vielleicht kurz und sagst dann, „Aha, du Schatten, da bist du ja. Ich sehe dich. Es ist in Ordnung, dass du aufgetaucht bist und es ist auch in Ordnung, dass du in mir bist. Und jetzt lasse ich dich davonziehen und konzentriere mich wieder auf meinen Atem, meine Fußsohlen, das Zähneputzen etc.“. Du begegnest deinem Schatten also in geschützter, sicherer Umgebung – und er verliert seinen Schrecken. Danach kannst du anfangen, mit ihm zu arbeiten, wie du es im Schattenkapitel gelernt hast. Nutze diese Möglichkeit also vor allem, wenn du bislang Schwierigkeiten hattest, dich deinen Schattenseiten wirklich anzunähern, und schaue, was auf diese sanfte Weise dabei passiert. Es bietet sich dir hier eine ganzheitliche, umfassende Möglichkeit, Finsteres in Helles zu transformieren – unabhängig von deiner Dualseele und von Einzelproblemen. Es geht um dich als ganzen Menschen, nutze diesen Zugang aus.

Bonusteil: Lebenskraftübungen

Ganz zum Schluss dieses Buches gibt es nun noch zwei Zusatzpunkte, die losgelöst vom Rest des Textes stehen. Allerdings haben sie trotzdem höchste Bedeutung für den Entwicklungsweg beider Dualseelen, weil hier noch ein Aspekt angesprochen wird, der bislang kaum eine Rolle spielte. Dass es stets um zwei komplementäre Anteile geht innerhalb einer zusammengefügten Dualseele, wissen wir nun, und auch die Rollenaufteilung in Loslasser und Gefühlsklärer ist bekannt. Ebenfalls wurde erwähnt, dass öfter Frauen die Loslasser sind und Männer die Gefühlsklärer – der Geschlechtsaspekt spielt nun also sehr wohl eine Rolle im Dualseelenprozess, auch wenn hier keine Verteilung festgelegt ist. Umso wichtiger ist es, dass jeder Partner in seiner jeweiligen Energie fest verankert ist: der Mann in seiner männlichen Kraft, die Frau in ihrer weiblichen. Viele spirituelle Richtungen betrachten diese Verteilung übrigens eher als Spektrum, für sie trägt jeder Mensch in sich Anteile weiblicher und männlicher Energie zugleich. Ganz gleich, wie du es nun siehst und wo du dich einordnest, kommen nun noch zwei Meditationsübungen, die dich mit der jeweiligen Kraft wieder in direkte Verbindung bringen sollen.

MENTALÜBUNG FÜR DIE RÜCKKOPPLUNG AN DIE MÄNNLICHE LEBENSENERGIE

Gerade für Männer ist Spiritualität oft noch weiter von ihrer Realität entfernt als für Frauen. Sie meditieren seltener, machen weniger Yoga und versuchen sich allgemein weniger an den rein geistigen Dingen. Dem liegt oft eine tiefe Angst zugrunde, dies wäre unmännlich, es wäre ein Kapitulieren vor den weiblichen Anteilen in sich selbst. Doch das ist Unsinn. Männlich und weiblich sind zwei Kraftprinzipien, die beide aus unserem tiefsten Inneren heraus wirken und mit denen wir auch nur über die geistige Ebene wirklich in Kontakt treten können. Gerade Männer sollten sich also ein Herz fassen und mit einem mentalen Ritual wieder in Verbindung treten mit ihrer innersten Urkraft. Dazu eignet sich die folgende Meditation. Suche dir einen ruhigen Ort, an dem du vor Störungen sicher bist; wenn du dich traust und es dir möglich ist, mache die Übung im Freien. Hier ist es besonders leicht, sich anzukoppeln an die ursprünglichen Kräfte der Natur und einen Zugang zu finden zu den uralten Mächten, die auch in dir wirken. Suche dir eine bequeme Sitzposition, und, wenn du kannst, nimm mit überkreuzten Beinen den Lotussitz ein. Setze dich aufrecht hin, als würde aus einer Krone auf deinem Kopf ein Energiestrahl senkrecht nach oben geradewegs in den Himmel schießen.

An deinem Gesäß fühlst du die Verbindung zur Erde, zur Mutter Erde, der du entstammst, wie alle Geschöpfe ihr entstammen. Wenn du möchtest, zünde Räucherwerk oder ein Feuer an, beides sind archaische Kraftsymbole. Beginne dann, tief und gleichmäßig zu atmen. Stelle dir vor, wie du mit jedem Atemzug reine, klare Luft in deine Lungen saugst und beim Ausatmen alles ausstößt, was dein Körper nicht mehr braucht. Negative Energien, Ängste, Zweifel, Wut, Frustration – alles, was dich von Beherrschtheit und Selbstkontrolle anhält, atmest du einfach aus dir heraus.

Wenn du das Gefühl hast, bei dir angekommen zu sein, kannst du beginnen, deine Gedanken auf die männliche Energie zu fokussieren. Führe dir deutlich vor Augen, was sie beinhaltet und bedeutet: Männlichkeit ist die Essenz der schützenden Mächte der Welt. Männlichkeit ist das Heldentum, das seit ältester Zeit in Erzählungen und Sagen besungen wird, jedoch ohne die äußerlichen Klischees. Dieses Heldentum besteht aus einem unbestechlichen, aufrichtigen, reinen Herzen und dem unbedingten Willen, dieses zu verteidigen. Es besteht aus dem bedingungslosen Kampf für die Liebe und für diejenigen, denen man in Liebe zugetan ist. Es besteht aus Besonnenheit, Klarheit und uraltem Wissen, die zu jedem Zeitpunkt in den Dienst des Schutzes der Liebe gestellt werden. Wer in dieser Kraft lebt, der lebt in der Unterstützung des gesamten Universums, denn er folgt der Bestimmung der Männlichkeit seit Anbeginn der Zeit.

Wenn du über diese Bilder nachsinnst, versuche, diese Verbindung zu erspüren. Fühle die Einheit mit allen Männern der Geschichte, mit all den Brüdern und Vätern und Ahnen, mit denen du in Verbindung stehst in der großen Einheit der Schöpfung. Fühle auch die ewige Verbindung zur Weiblichkeit, die ursprüngliche Quelle des Lebens, Mutter Erde, aus deren Schoß auch du entsprungen bist, und spüre, wie du mit allem, was ist und was jemals war, verbunden bist. Stelle dir dann einige Fragen, über die du nun im Zustand meditativer Versenkung nachdenkst: Wie setzt du deine männliche Kraft ein? An welchen Punkten in deinem Leben spürst du sie besonders deutlich? Was macht sie für dich ganz persönlich aus? Wofür kämpfst du mit ihr? Setzt du sie ein für die Liebe oder womöglich gegen sie? Bist du selbst einverstanden damit, wie du sie verwendest? An welchen Punkten würdest du dir wünschen, dass du sie mit deiner männlichen Kraft bewältigst, tust es aber bislang nicht? Wenn du über diese Fragen ausführlich nachgedacht und auch die unangenehmen Antworten zugelassen hast, gehe einen Schritt weiter. Spüre nun in dich hinein, wo du in den intimsten und empfindlichsten Punkten deiner Männlichkeit je Verletzungen erfahren hast. Erinnerst du dich an den kleinen Jungen, der du einmal warst und der sich verzweifelt nach Liebe gesehnt hat? Der diese Liebe nicht empfangen hat von denjenigen, von denen er sie sich so sehr gewünscht hätte? Weißt du noch von dem Kind, das Tränen der Wut und Ohnmacht in den Augen hatte angesichts der Ungerechtigkeiten, die es erdulden musste, der Missachtung, die es erfahren hat?

Lasse all die Gefühle, die in diesen Erinnerungen gespeichert sind, wie in Eis eingefroren, herausbrechen, lasse zu, dass sie dich fluten in ihrer Schmerzlichkeit, und erlebe einfach nur mit offenen Sinneskanälen die Verletzlichkeit. Lasse zu, dass sie dich überwältigt, und beobachte sie in ihrer Wirkung auf dich. Beobachte, wie sie anschwillt, bis sie fast unerträglich scheint, wie sie dich überflutet und wie sie irgendwann langsam wieder abklingt. Wie ein Tsunami ist sie über dich hinweggefegt und am Ende stehst du immer noch da. Du stehst da, ungebrochen und felsenfest und du stehst da in der vollen Kraft deiner Männlichkeit. Es ist genau dies deine männliche Energie, die Macht, die dich schützt, weil du sie verwendest, um andere zu schützen. Lasse dich dann tief hineinsinken in die reine Wahrnehmung. Nimm die Kraft wahr, die du gerade in dir geweckt hast, und lasse sie jede Zelle deines Körpers durchströmen. Fühle, wie dein Sexualchakra geflutet und gestärkt wird von dieser Energie, die sich Bahn gebrochen hat, und lasse dieses Gefühl der Unantastbarkeit auf dich wirken. Irgendwann, wenn du dich bereit dafür fühlst, kannst du beginnen, dich wieder in die Gegenwart zurückzuholen. Mache etwa kleine Bewegungen mit deinen Händen oder öffne die Augen, wenn du sie geschlossen hattest. Bleibe noch so lange in Ruhe sitzen, wie es dir guttut, und versuche, das, was du da gerade erspürt hast, mitzunehmen in deinen Alltag. Es ist deine innerste Kraft, die dich ohnehin stets begleitet – verliere nicht den Kontakt zu ihr.

WEIBLICHKEITSRITUAL ZUR VERBINDUNG MIT DER WEIBLICHEN URKRAFT

Und auch für Frauen gibt es nun Rituale, die sie wieder in engere Verbindung mit ihrer weiblichen Kraft bringen können. Während Männer oftmals das Spirituelle vernachlässigen, neigen Frauen eher dazu, dem Sexuellen einen zu geringen Stellenwert einzuräumen, dabei ist die Kraft weiblicher Sexualität untrennbar verflochten mit der Urkraft der Frauen. Nähere dich also mit der folgenden Meditation deinen innersten fraulichen Energien an – und keine Angst, du musst dich nicht unwohl fühlen, denn Erotik oder Sexualität sind nicht explizites Thema. Für Weiblichkeitsrituale gibt es nun einen ganz besonders geeigneten Zeitpunkt: Vollmonde. In vielen Kulturen gilt der Mond seit Jahrtausenden als Sinnbild kosmischer, vollkommener Weiblichkeit.

Der weibliche Lebensrhythmus steht in enger Verbindung zum Erdtrabanten, wie allein der monatliche Zyklus deutlich macht. Wähle also am besten einen Vollmondabend oder gerne auch eine Vollmondnacht für dein Ritual. Falls du kannst und möchtest, praktiziere es im Freien, vor allem aber solltest du ungestört sein. Räucherwerk oder Kerzen können je nach Geschmack eine schöne Einstimmung sein. Setze dich dann aufrecht, aber bequem hin, gerne im Meditationssitz, wenn deine Beweglichkeit es zulässt. Manche Frauen fühlen sich im Liegen ganz besonders verbunden mit der Erde, dann spricht nichts dagegen, das Ritual in Rückenlage mit locker auseinanderfallenden Füßen und mit ausgestreckt auf dem Boden liegenden Armen durchzuführen. Schließe nun die Augen und atme einige Male bewusst tief ein und aus und stelle dir vor, wie du reine, klare Luft einatmest und mit dem Ausatmen alles aus dir herausströmen lässt, was sich Belastendes in deinen Gedanken findet. Nähere dich langsam der Geisteshaltung der Achtsamkeit an: Nimm jeden Gedanken, der sich so aufdrängt, zur Kenntnis und lasse ihn dann ohne Bewertung sanft davonziehen. Fühle, wie du dadurch zunehmende geistige Ruhe erlangst. Im Gegensatz zur männlichen Kraft ist die weibliche geprägt durch Sanftheit, Ruhe, Wärme und Hingebung, also konzentriere dich darauf, diese Anteile tief in dir zu spüren. Lasse den Atem ganz natürlich fließen und wenn du das Gefühl hast, in dir zur Ruhe gekommen zu sein, lenkst du deine Aufmerksamkeit langsam in Richtung deines Schoßraumes. Dort liegt dein Sakralchakra, einer der sieben mächtigen Energiepunkte des Körpers in der Yogalehre und die Quelle deiner weiblichen Urkraft. Hier nimmt alles, was sich in dir an Weiblichkeit, femininer Kraft und sexueller Energie befindet, seinen Ursprung und dort stehst du in direkter Verbindung zur ewigen Schöpferkraft des Universums. Schöpfung, das Erschaffen von Leben, ist weiblicher Natur und hier liegt dein Verbindungspunkt zum Ursprung allen Seins. Stelle dir vor, wie dieser Bereich deines Körpers in einem hell leuchtenden Orange erstrahlt, und spüre, wie dieses Strahlen langsam diesen Bereich erwärmt. Nimm wahr, wie aus dieser Quelle Energie aufsteigt, die deinen ganzen Körper durchströmt und jede Zelle mit vibrierender Kraft und mit Leben füllt. Mit jedem Atemzug, den du nimmst, dehnt sich das Leuchten weiter aus, bis du schließlich völlig umhüllt bist von der strahlend orangenen Hülle. Dann projiziere dich in deiner Vorstellung auf eine Waldlichtung, um dich herum das lebendige Grün der Bäume und auf der Lichtung blühend orangene Blüten. Sie leuchten in der Farbe deines Sakralchakras, schaue sie dir ganz genau an, diese Blüten. Wie sehen sie aus, sind es Kelche oder eher Räder? Zarte, fließende Blütenblätter, asymmetrisch geformt oder in perfekter Ästhetik und Symmetrie um eine Mitte angeordnet?

Du siehst hier eine bildliche Manifestation deiner ganz eigenen Weiblichkeit vor dir. Präge dir dieses Bild gut ein und nimm es mit, vielleicht möchtest du dich in den unterschiedlichsten Situationen immer wieder einmal daran erinnern, wie sie sich dir gezeigt hat, deine Urkraft. Wende dich nun deinem Hörsinn zu und lasse in dir eine Melodie aufsteigen. Ganz gleich, wie sie klingt, lasse sie in dir entstehen und deinen Körper durchströmen. Fühle ihren Rhythmus und fühle, wie dein Körper sich ganz unwillkürlich dazu bewegen möchte. Stelle dir diese Bewegungen vor, wenn du möchtest, kannst du sie gerne auch ausführen. Im Sitzen, sogar im Liegen kannst du ganz ungehindert und völlig frei deine eigenen Impulse in einen fließenden, sinnlichen Tanz deiner Weiblichkeit hineingießen. Es gibt nichts und niemanden, vor dem du dich schämen müsstet. Dieses Ritual und dieser Moment gehören nur dir. Gib dich deinen Bewegungen ganz hin, den Wellen, dem Fließen, dem Winden, und spüre, wie du verbunden bist mit aller Weiblichkeit dieser Erde und aller Weiblichkeit, die jemals war. Du bist Schöpferkraft und Lebensspenderin, fühle die uralte Macht, die in dir fließt und dir das ermöglicht.

Gib dich diesem Gefühl so lange hin, wie du möchtest, lasse die Energie fließen, solange sie fließt, und wenn du bemerkst, dass der Tanz sich ganz von selbst dem Ende zuneigt, komme langsam wieder zurück in die Gegenwart. Nimm bewusst deinen Atem wahr und lasse dich von ihm erden und wenn du bereit bist, öffne deine Augen. Bleibe noch einige Minuten sitzen oder liegen und spüre den Gefühlen nach, die du gerade in dir hervorgerufen hast. Denke daran, dass sie ganz allein Produkt deiner Schöpferkraft waren und dass alles, was du in deinem Leben brauchst, so von dir aus dir erschaffen werden kann. Du brauchst dafür keinen Lehrer und keinen Partner, nicht einmal einen Dualseelenpartner – nimm diese Gewissheit aus dem Ritual mit in dein alltägliches Leben.

Mut und Hoffnung

Nun sind wir am Ende dieser hochintensiven Reise durch die tiefsten Täler der menschlichen Seele angelangt – und was bliebe zu sagen, um all das zusammenzufassen? Du weißt nun, was deine Dualseelenliebe dir bringt, und du weißt, was es dir abverlangt. Du hast eine Vorstellung bekommen von den Kämpfen, den unermesslichen Herausforderungen und den bitteren Schmerzen und vermutlich hast du vieles davon auch schon gespürt, sonst hättest du wohl kaum zu diesem Buch gegriffen. Was ist also ein würdiger Abschluss für ein solches Thema? Zuversicht. Am Ende kann hier nichts weiter stehen als Zuversicht, Hoffnung und Mut. Du weißt, dass es eine schlussendliche Bestimmung gibt für dich und deinen Dualseelenpartner. Es ist vollkommen vorherbestimmt in eurem Seelenplan, der größer ist als alles, was auf der Welt gerade geschehen mag, denn seine Gültigkeit liegt in der Ewigkeit. Also weißt du auch, dass irgendwann, am Ende, alles gut sein wird. Du weißt nicht, wann das Ende ist und du weißt nicht, durch welche finsteren Schluchten du noch wandern musst, aber du weißt: Es wird einmal der

Zeitpunkt kommen, an dem alles einfach gut ist. Und dieses Wissen kann dir die Kraft geben, auf dem Weg dorthin nicht zu verzweifeln. Vergiss nicht: Alles, was du brauchst, liegt nur in dir. Du bist dir selbst eine unerschöpfliche Schatzgrube, in dir liegt ein ganzes Universum mit allem, was du dir erdenken und ersehnen könntest. Also mache dich auf die Suche – leichten Herzens, frohen Mutes und mit einem Lächeln auf den Lippen.